男の子のかっこいい折り紙

いまいみさ
Misa Imai

PHP

男の子の かっこいい 折り紙　もくじ

のりもの　だいすき

いきもの　あつまれ

おはなし　あそび

もってたら　かっこいい

おいしい　もの　だいすき

きせつの　かざり

大人の方へ　工作を始めるまえに

- 使う道具……はさみ・セロハンテープ（両面テープでも）・スティックのり
- 下の表記は、以下のような意味です。

– – – – – – – –……たにおり
–・–・–・–・–・……やまおり
――――――……おりせんを　つける
――――✂……はさみで　きる

のりもの
だいすき

バス《ばす》

だいすきな　バス《ばす》を
いっぱい
はしらせよう！

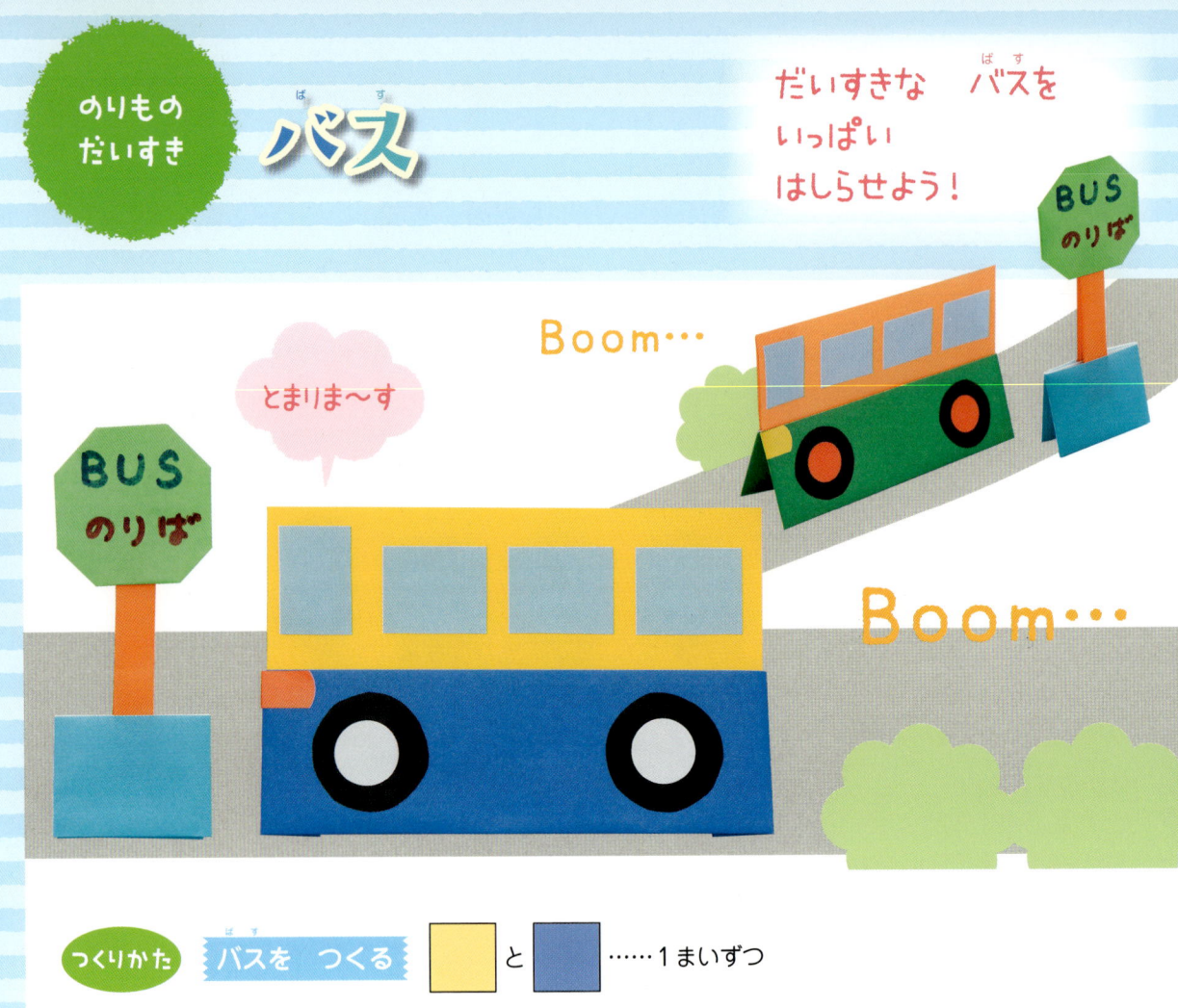

つくりかた　バス《ばす》を　つくる

と ……1まいずつ

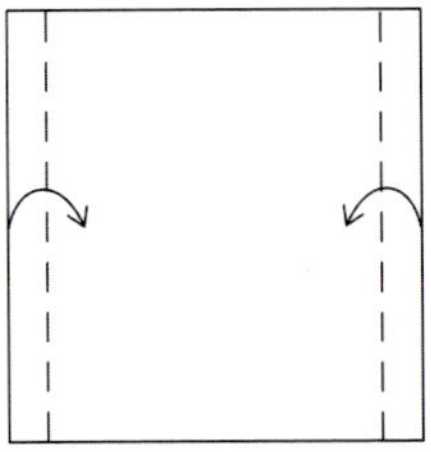

1 てんせんで　おる。

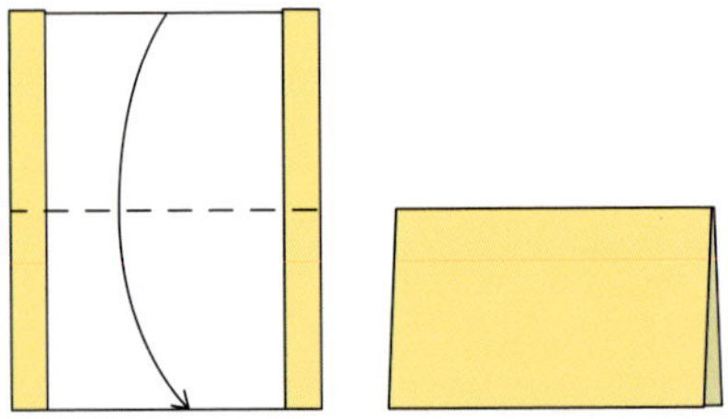

2 てんせんで　おる。

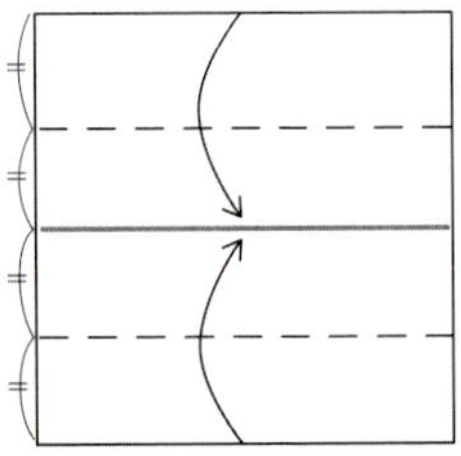

3 おりせんを　つけ、
てんせんで　おる。

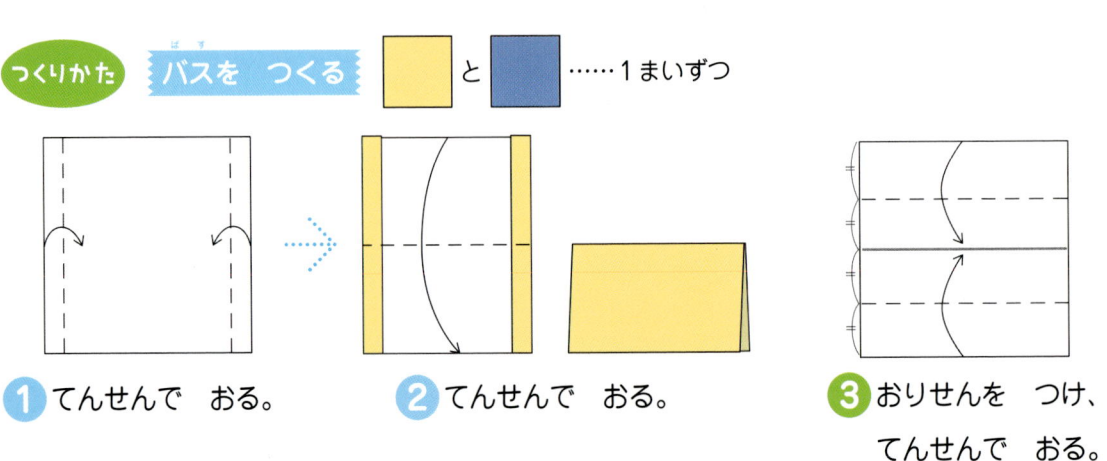

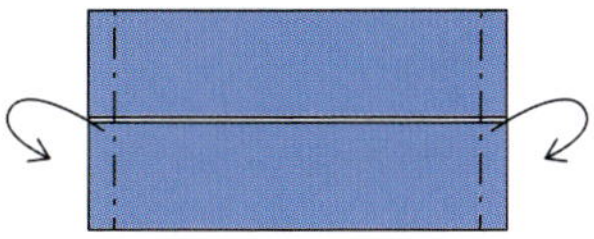

4 てんせんで
やまおりする。

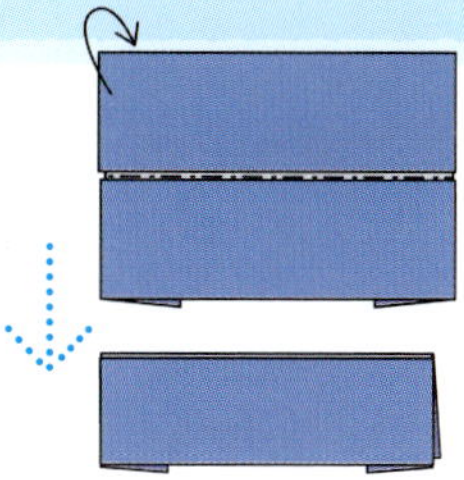

5 てんせんで
やまおりする。

6 ②を ⑤に
さしこむ。

7 まどや タイヤ《たいや》を
つける。

バス《ばす》てい（ひょうじばん）を つくる

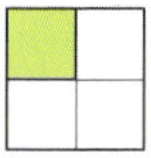

……1まい（4ぶんの1に きってね！）

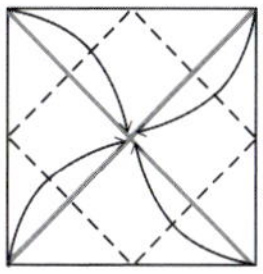

1 おりせんを つけ、
てんせんで おる。

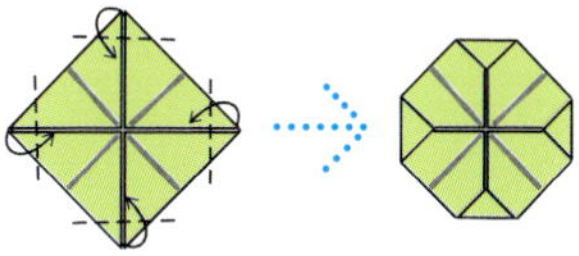

2 てんせんで
おる。

バス《ばす》てい（ポール《ぽーる》）を つくる

……1まい
（はんぶんに
きってね！）

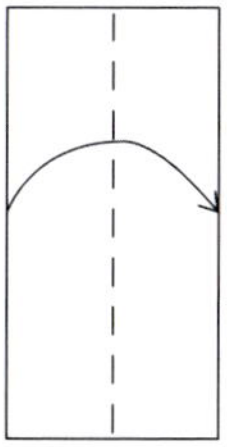

1 てんせんで
おる。

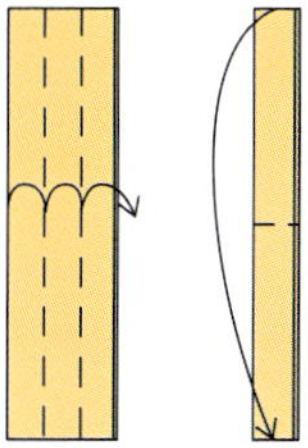

2 てんせんで
2かい おり、
はんぶんに おる。

バス《ばす》てい（どだい）を つくる

……1まい

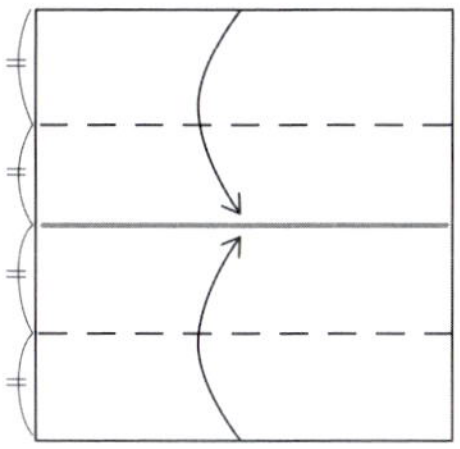

1 おりせんを つけ、
てんせんで おる。

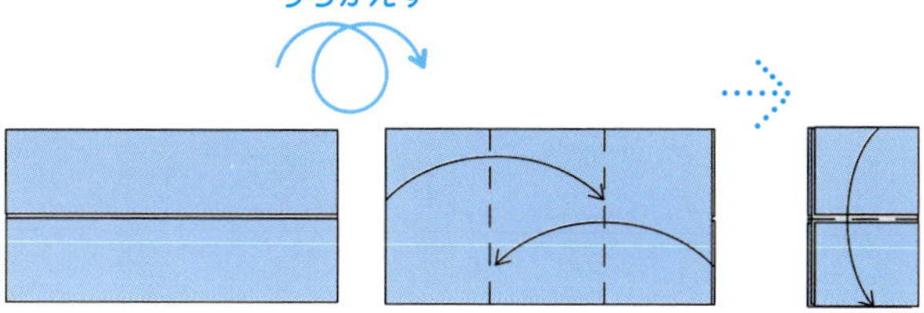

2 てんせんで おり、
はんぶんに おる。

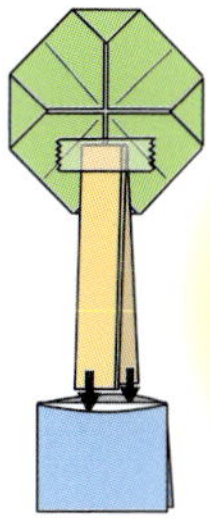

3 ②と②を はりあわせ
②に さしこむ。

のりもの
だいすき

パトカー《ぱとかー》とくるま

だいにんきの　パトカー《ぱとかー》と　カラフルカー《からふるかー》。
いっしょに　はしらせて、
あそぼう。

つくりかた　くるまを　つくる

……1まいずつ

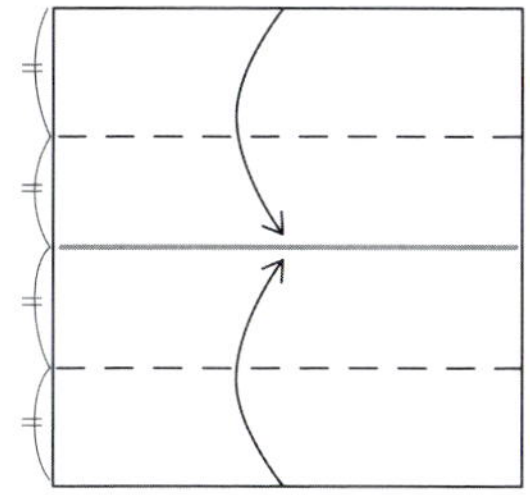

1 おりせんを　つけ、
てんせんで　おる。

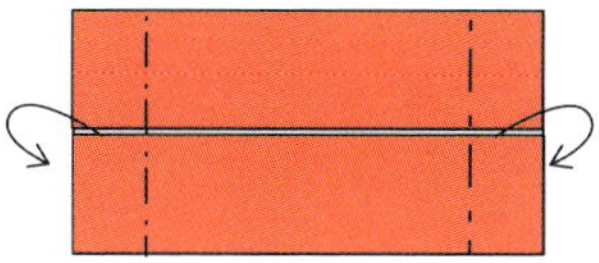

2 てんせんで
やまおりする。

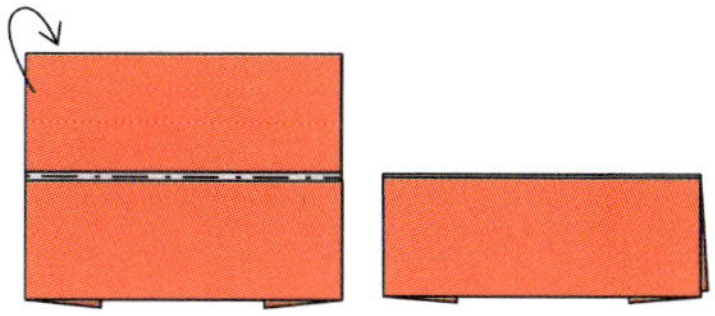

3 てんせんで
やまおりする。

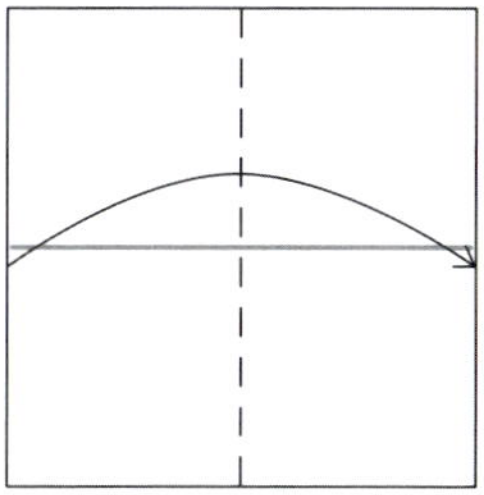

4 てんせんで　おる。

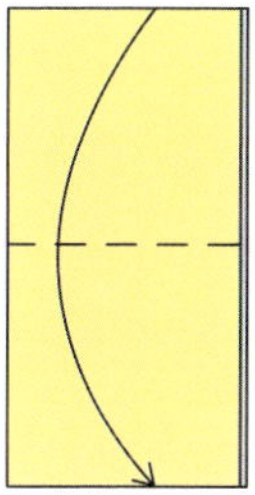

5 はんぶんに　おる。

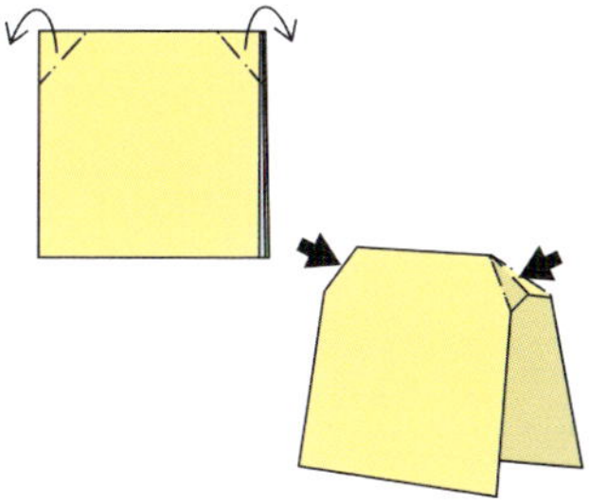

6 かどに
おりせんを　つける。

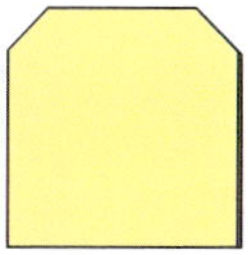

7 うちがわに
おりこむ。

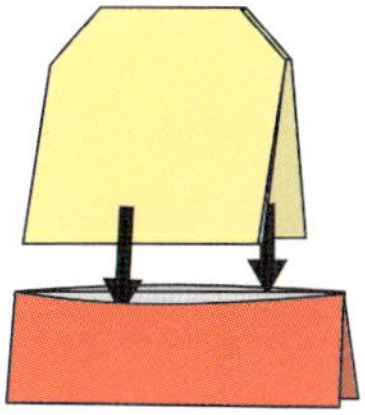

8 7を　3に
さしこむ。

すきな　いろを
くみあわせて
つくってね。

9 まど、タイヤ《たいや》、
ライト《らいと》を　つける。

しろと　くろの　おりがみで
パトカー《ぱとかー》も　つくろう。

のりもの
だいすき

しょうぼうしゃ

だいすき！
あこがれの
しょうぼうしゃ。

しょうぼうしゃ
しゅつどう！

つくりかた　**うんてんせきを　つくる**

……1まい

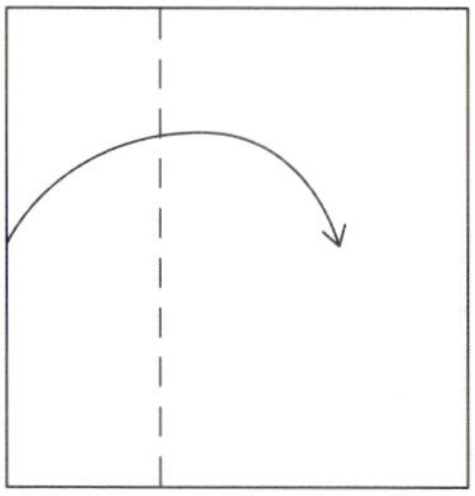

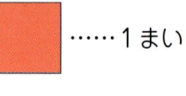

1 3ぶんの1を
てんせんで　おる。

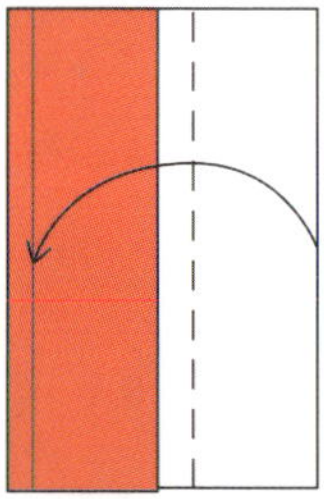

2 てんせんで
おる。

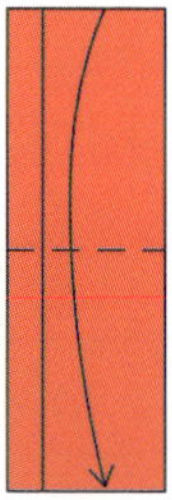

3 てんせんで
はんぶんに　おる。

4 まえと　うしろを　てんせんで
やまおりする。

しゃたいを　つくる

……１まい

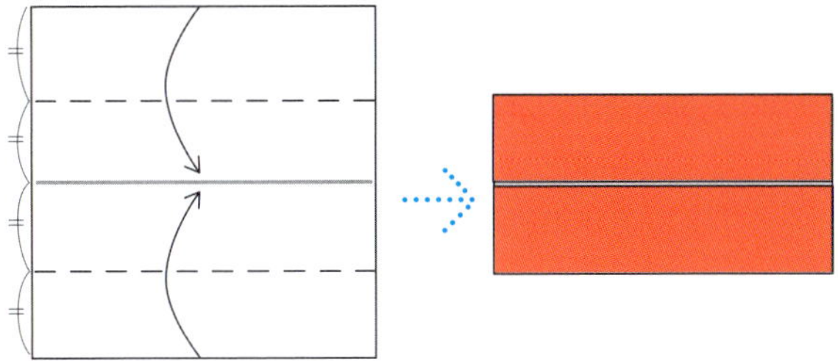

1 おりせんを　つけ、てんせんで　おる。

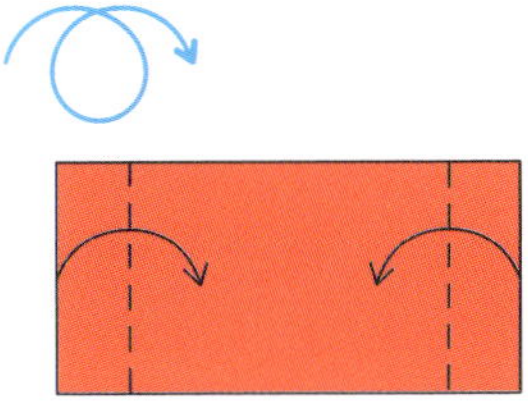

2 てんせんで　おる。

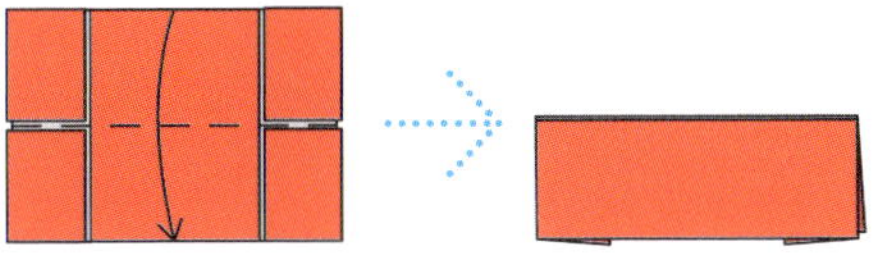

3 てんせんで、おり
はんぶんに　おる。

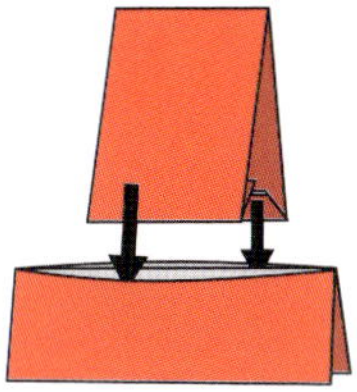

4 3に　4を
さしこみ、はしに
よせる。

はしごを　つくる

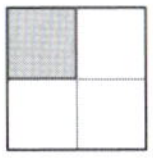

……１まい
（４ぶんの１に　きってね！）

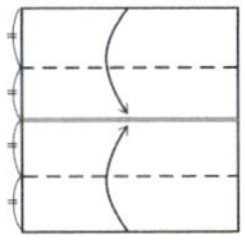

1 おりせんを　つけ、
てんせんで　おる。

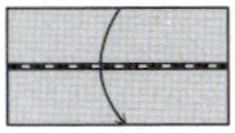

2 てんせんで
はんぶんに
おる。

3 ギザギザ《ぎざぎざ》の
せんを　かく。

4 まど、タイヤ《たいや》を
はって、はしごを
つける。

のりもの
だいすき

でんしゃとえき

つぎは　どこの
えきに
とまるのかな？

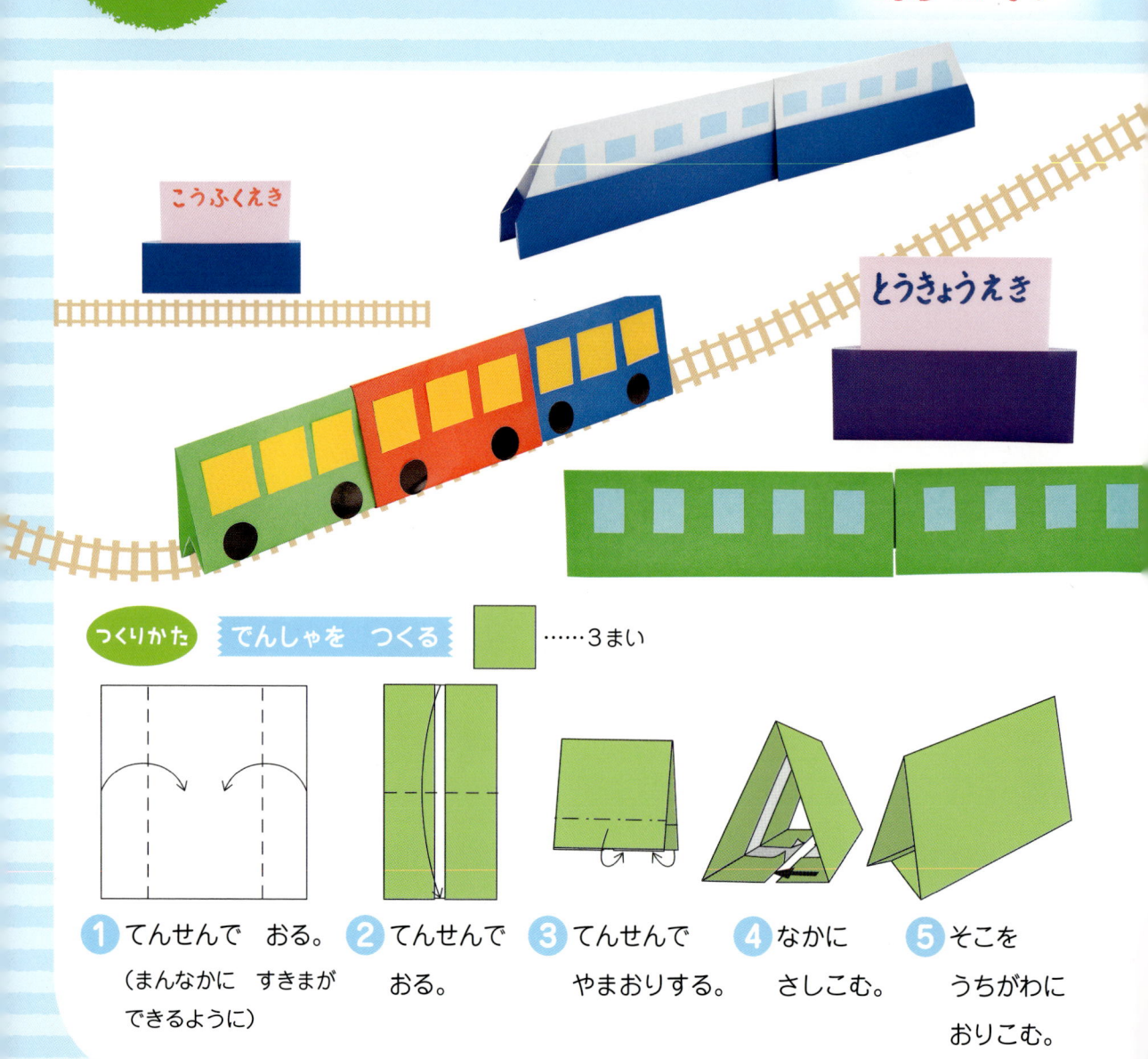

つくりかた　でんしゃを　つくる

……3まい

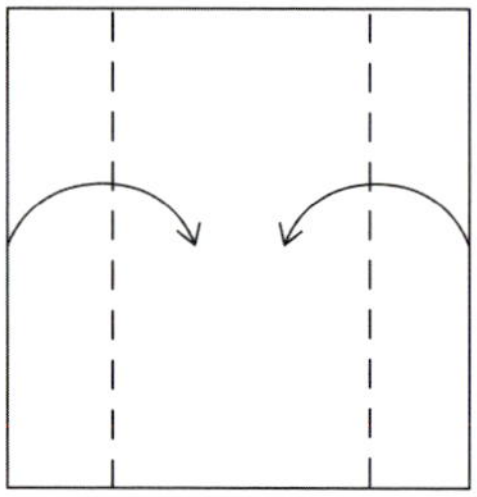
1 てんせんで　おる。
（まんなかに　すきまが
できるように）

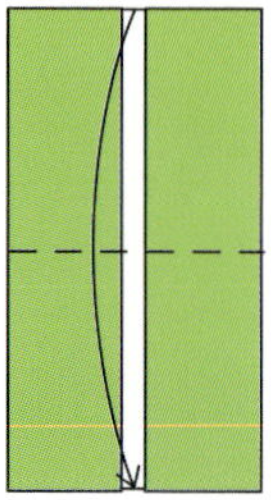
2 てんせんで
おる。

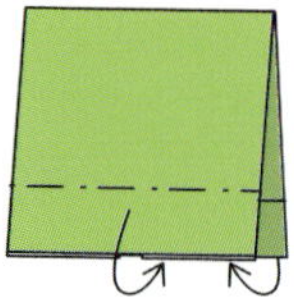
3 てんせんで
やまおりする。

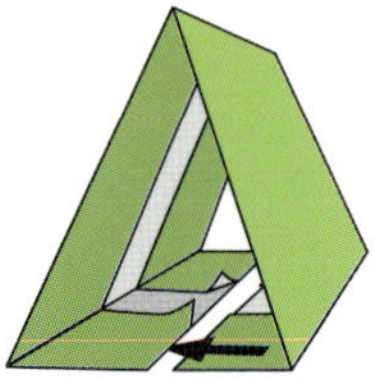
4 なかに
さしこむ。

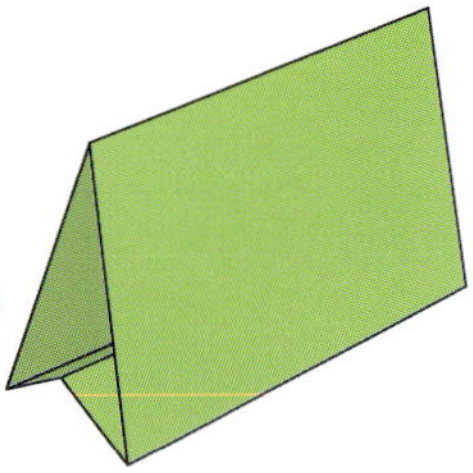
5 そこを
うちがわに
おりこむ。

6 まどや　しゃりんを　はり、
3つを　かさねて　はる。

しんかんせんを　つくる

……2まい

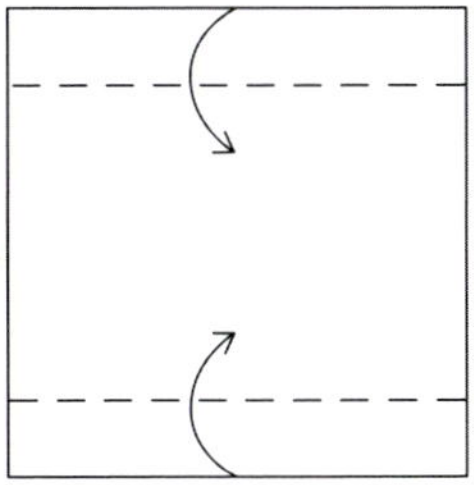

1 てんせんで
おる。

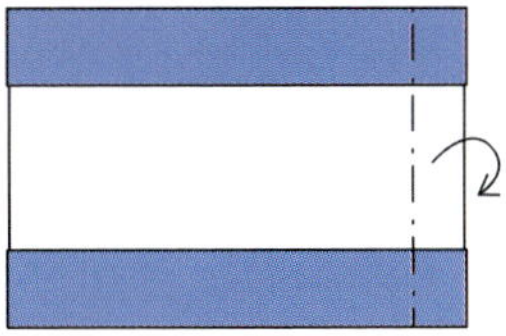

2 かたがわを
やまおりする。

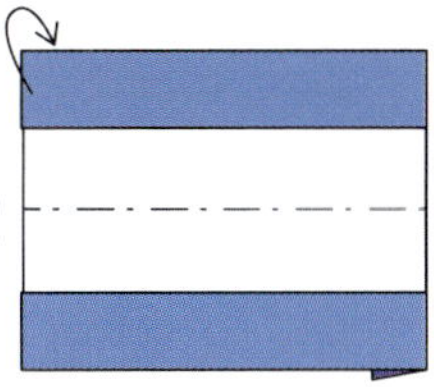

3 てんせんで
やまおりする。

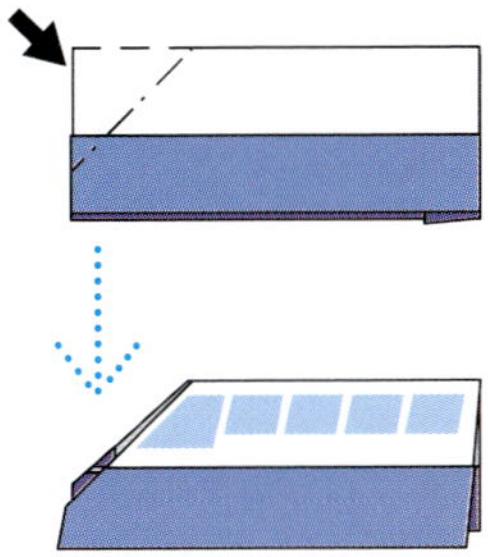

4 かどを　うちがわに
おりこみ、
まどを　はる。

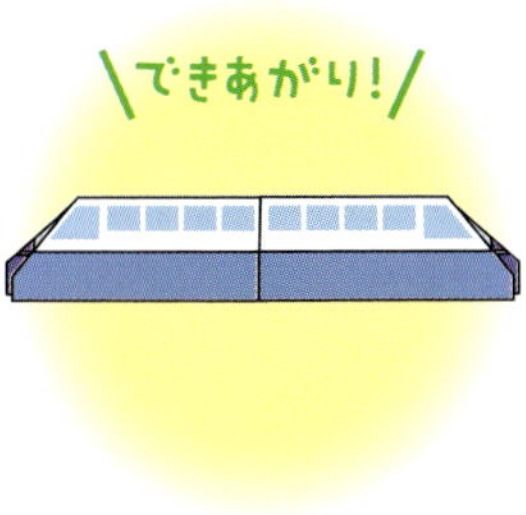

5 おなじ　ものを
つくり、つなぐ。

えきを　つくる

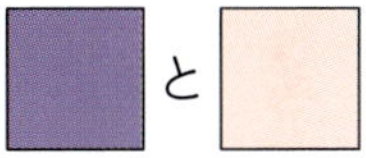
と
……1まい
ずつ

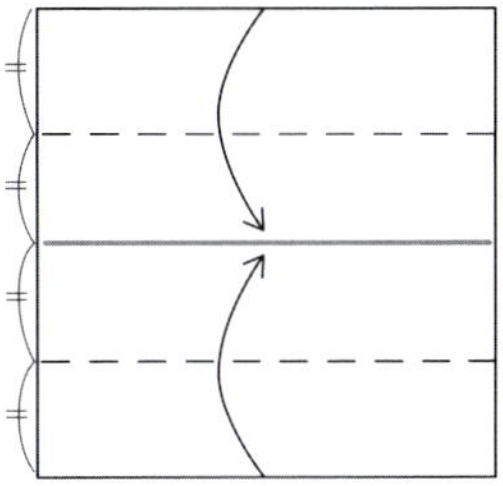

1 おりせんを　つけ、
てんせんで　おる。

2 てんせんで
やまおりする。

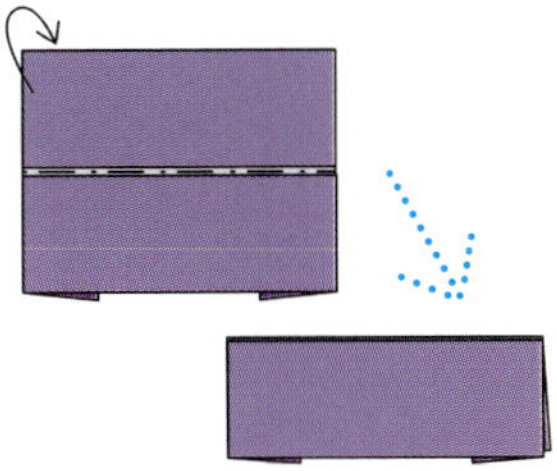

3 やまおりする。

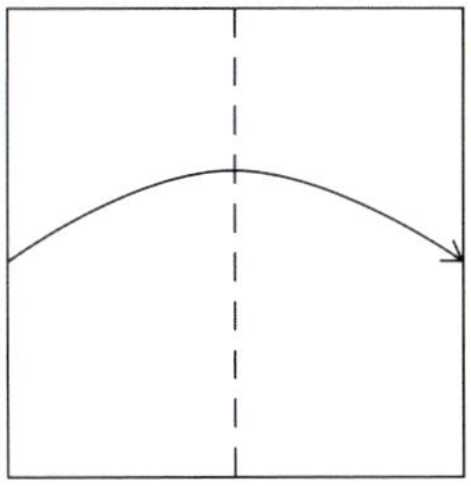

4 てんせんで
おる。

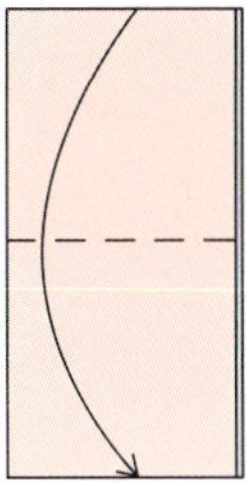

5 てんせんで
おる。

6 3に　5を　さしこみ
もじを　かく。

のりもの
だいすき

きかんしゃ

ぽっぽ〜！　ぽっぽ〜！
しろい　じょうきを
はきながら、
きかんしゃが　とおりま〜す！

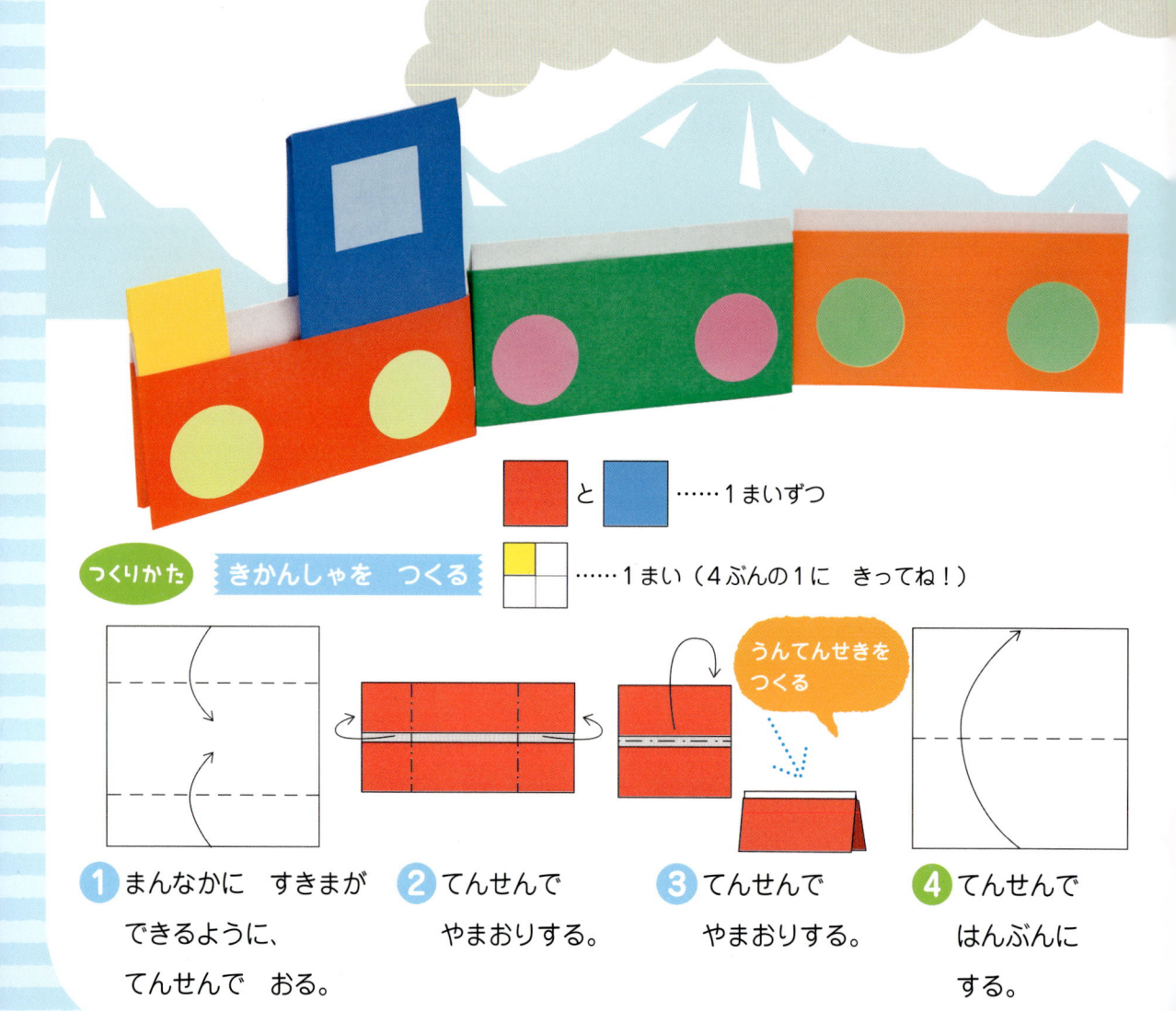

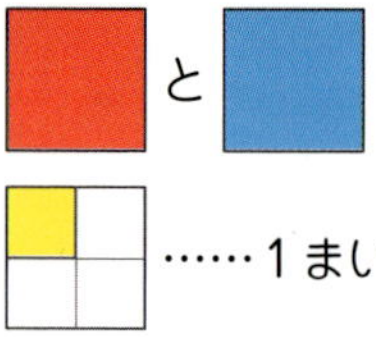

……1まいずつ

……1まい（4ぶんの1に　きってね！）

つくりかた　**きかんしゃを　つくる**

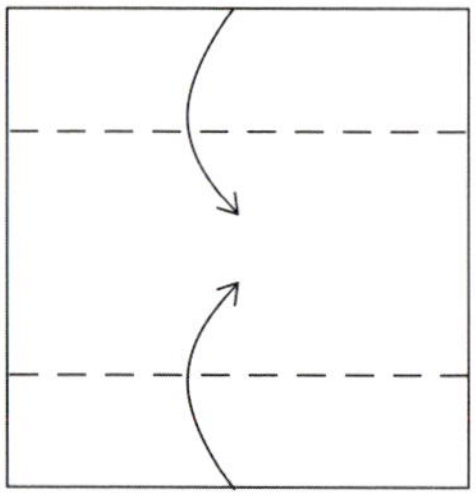

1 まんなかに　すきまが
できるように、
てんせんで　おる。

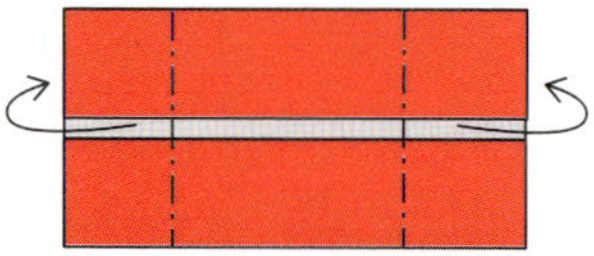

2 てんせんで
やまおりする。

3 てんせんで
やまおりする。

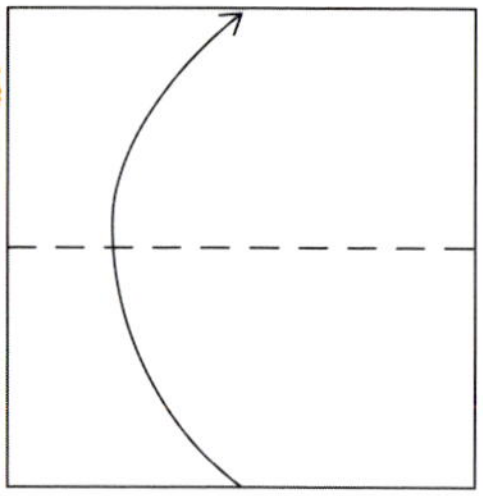

4 てんせんで
はんぶんに
する。

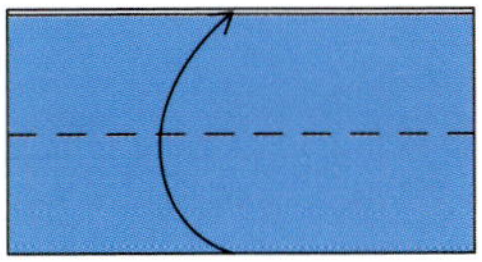

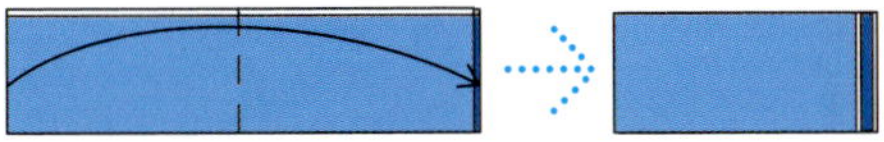

えんとつを
つくる

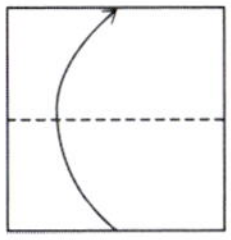

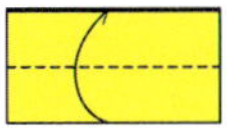

5 てんせんで
はんぶんに　おる。

6 はんぶんに　おる。

7 はんぶんに
おる。

8 はんぶんに
おる。

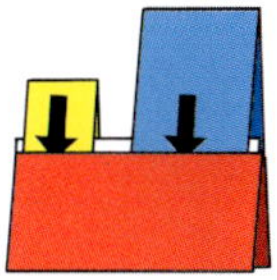

9 はんぶんに　おる。

10 ③に　⑥と
⑨を　さしこむ。

11 まどや　もようを　はり、
③の　しゃりょうを
ふやそう。

10ページ《ぺーじ》の　でんしゃを　つくる

……1まい

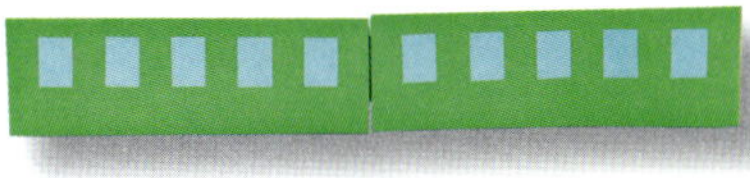

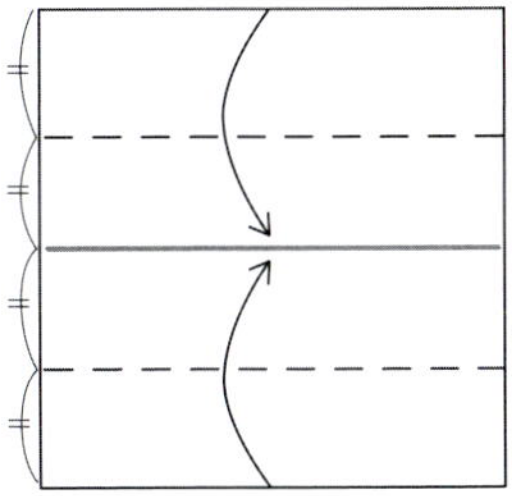

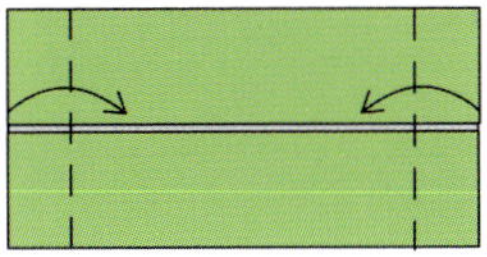

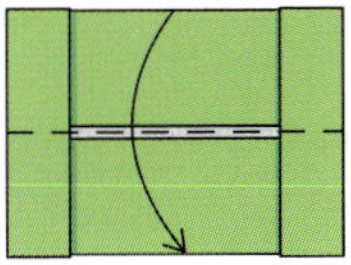

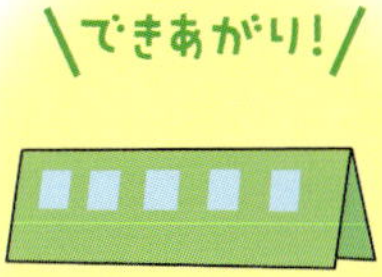

1 おりせんを　つけ、
てんせんで　おる。

2 てんせんで　おる。

3 はんぶんに
おる。

4 まどを　はる。

のりもの
だいすき

ミニカードライブ《みにかーどらいぶ》

ちいさな　まちを　つくって、
ミニカードライブ《みにかーどらいぶ》を　たのしもう！

あんぜんうんてん、しゅっぱつしんこう！

のりもの だいすき

ミニカードライブ《みにかーどらいぶ》

つくりかた

ミニバス《みにばす》を　つくる

……1まい

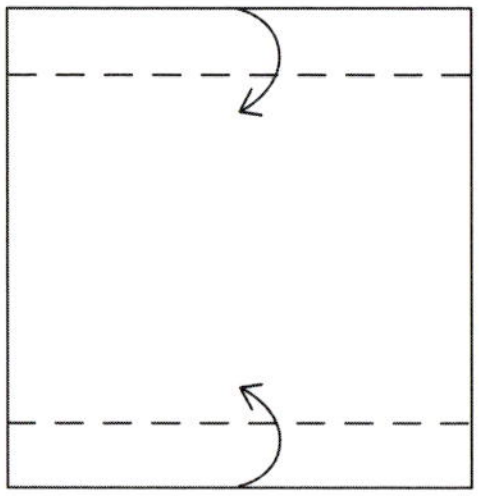

1 てんせんで　おる。

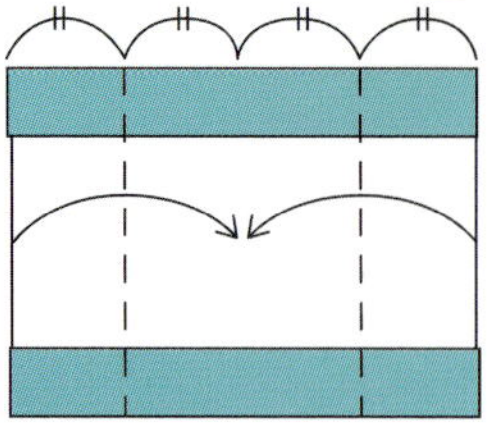

2 てんせんで　おる。

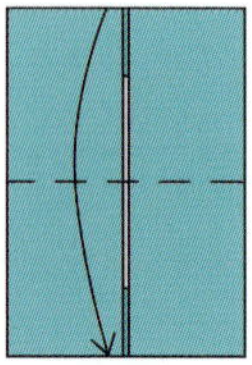

3 はんぶんに　する。

4 まどと　タイヤ《たいや》を　はる。

ミニバン《みにばん》を　つくる

……1まい

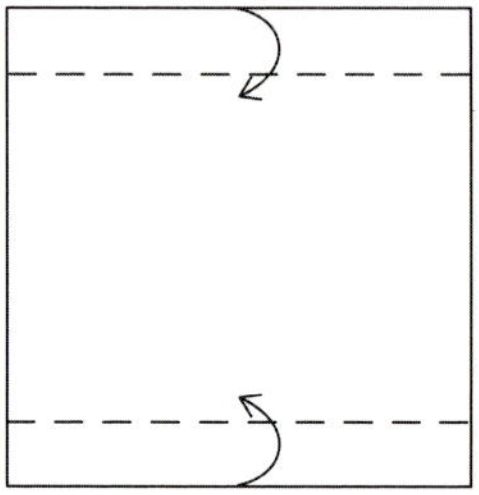

1 てんせんで　おる。

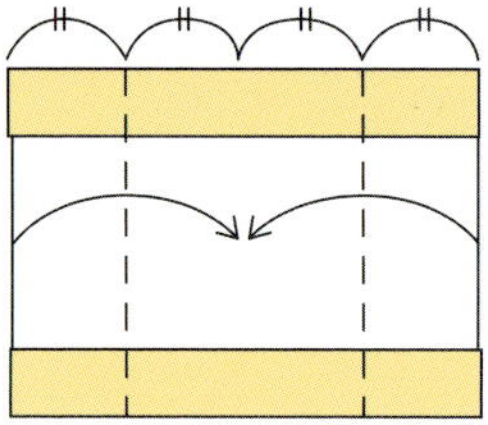

2 てんせんで　おる。

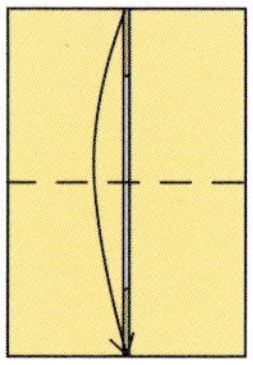

3 はんぶんに　する。

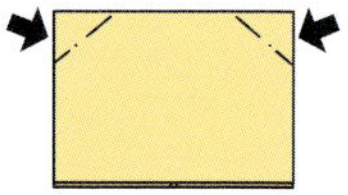

4 かどを、うちがわに　おりこむ。

5 まどと　タイヤ《たいや》を　はる。

しんごうを　つくる

……1まい

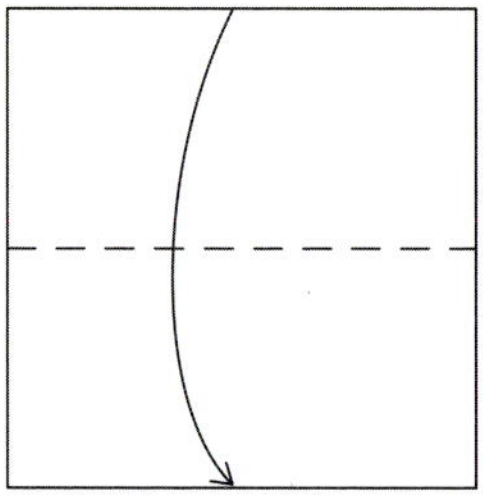

1 はんぶんに　する。

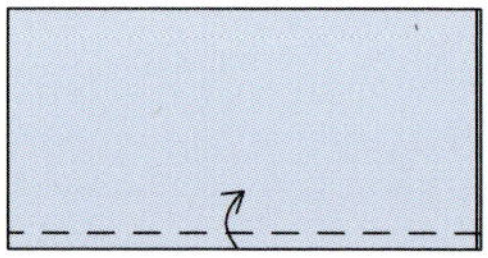

2 てんせんで　おる。

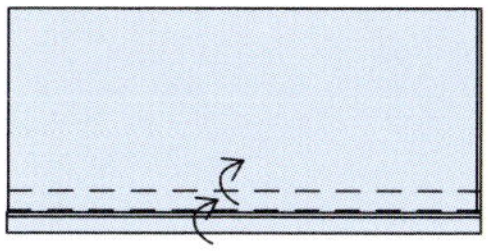

❸ 2かい　おる。

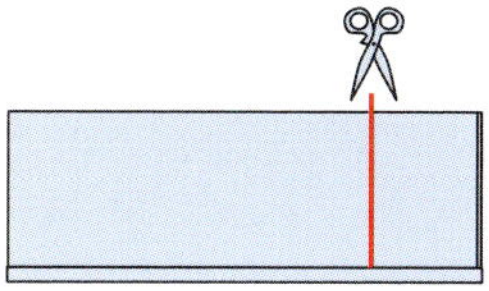

❹ きりこみを
いれる。

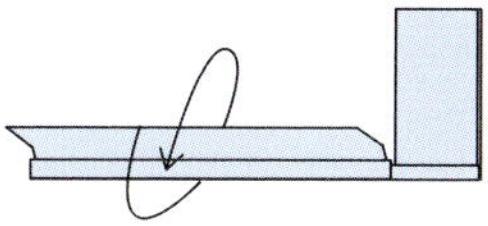

❺ まいて　のりで
とめる。

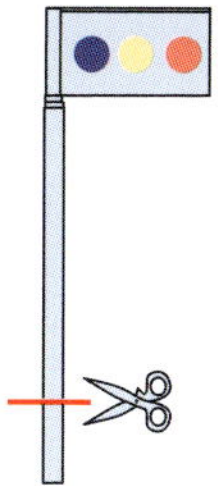

❻ まるを　つけ、
したを　きる。

どだいを　つくる

……1まい

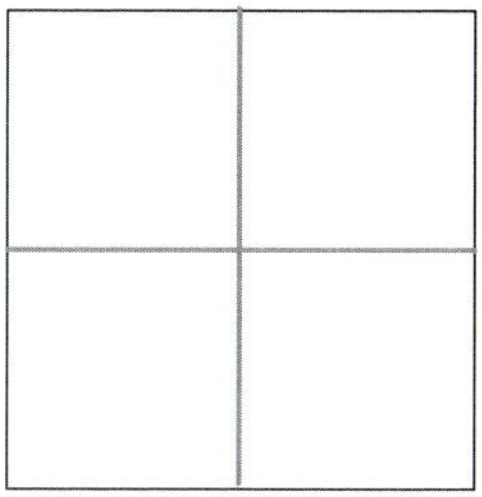

❶ おりせんを　つける。

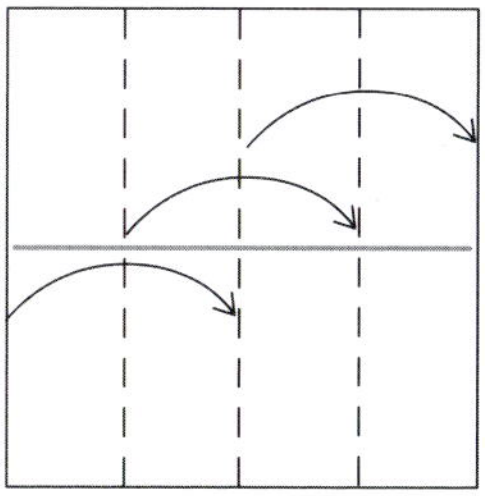

❷ 3かい　おって、
4ぶんの1に　する。

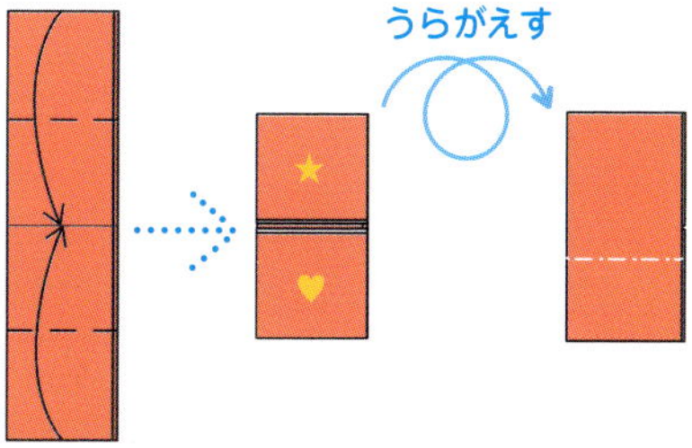

❸ てんせんで　おり、
うらがえして　おりせんを
つける。

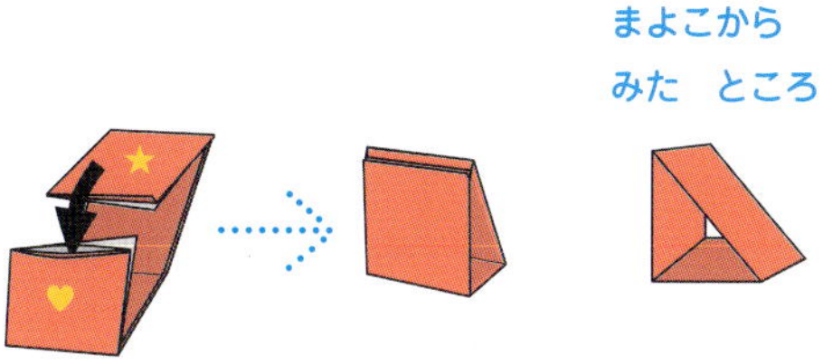

❹ おりせんで　おって、★を
♥の　なかに　いれる。

❺ ❹に　❻を　さしこんで、とめる。

のりもの
だいすき

ふね&《あんど》ヨ《よ》ッ《つ》ト《と》

せかいで　1そう。
じぶんだけの
デザイン《でざいん》を　たのしもう！

つくりかた　ふねA《えー》を　つくる　……1まい

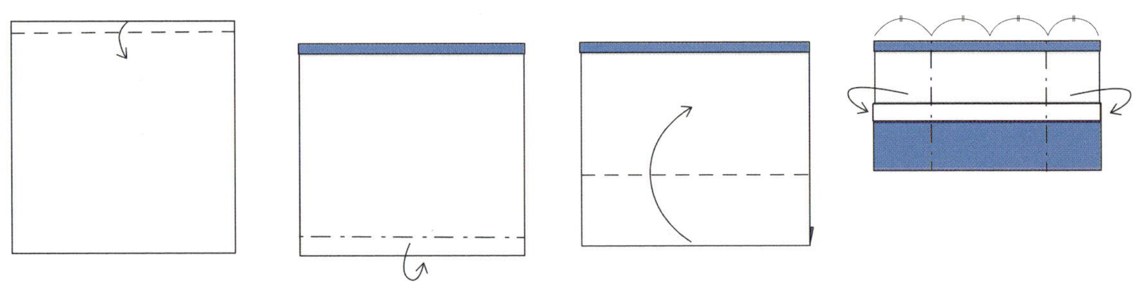

1 てんせんで　おる。
2 やまおりする。
3 てんせんで　おる。
4 てんせんで
やまおりする。

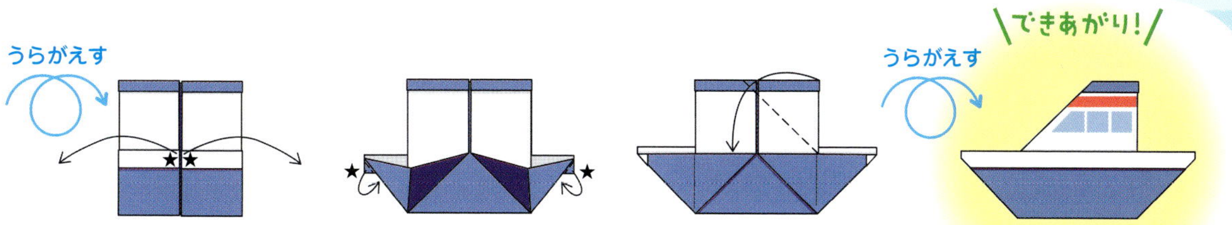
うらがえす
うらがえす
できあがり!

5 ★を　そとへ　ひらき、かどを　うちがわに　おる。

6 てんせんで　おる。

7 まどや　もようを　つける。

ヨット《よっと》を　つくる

……1まい

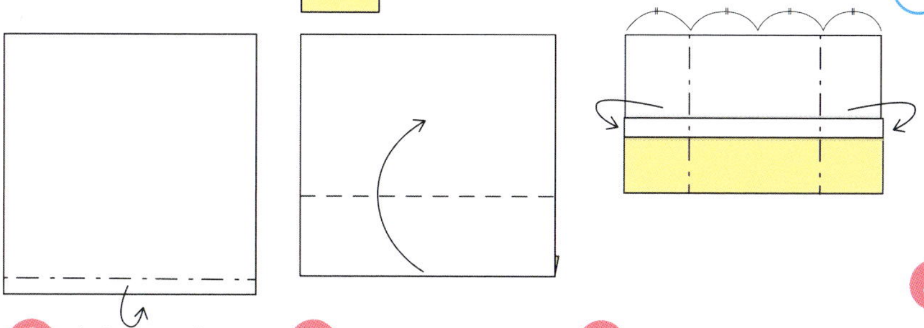

1 やまおりする。

2 てんせんで　おる。

3 やまおりする。

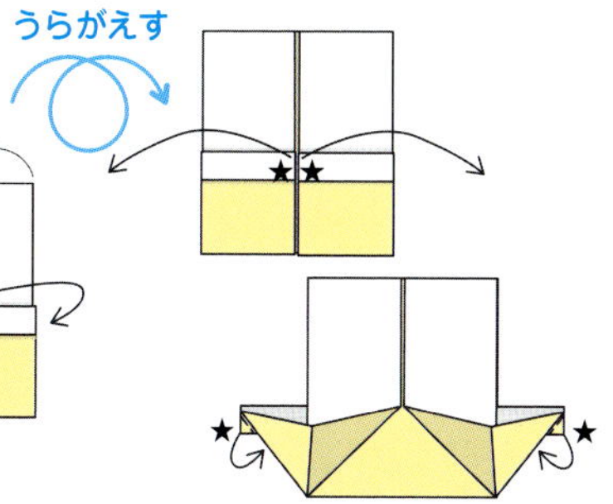
うらがえす

4 ★を　そとへ　ひらき、かどを　うちがわに　おる。

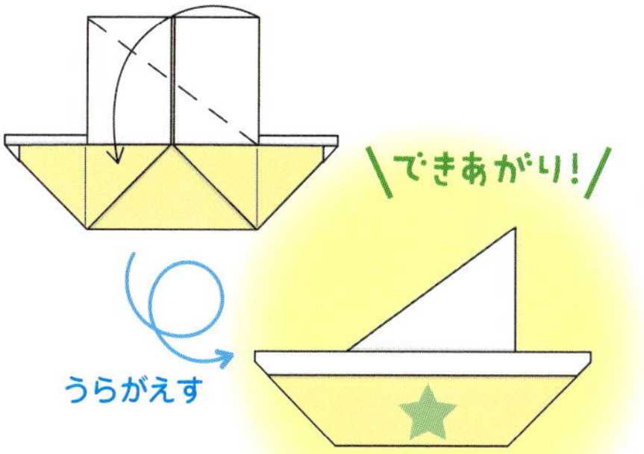
できあがり!
うらがえす

5 てんせんで　おる。

6 もようを　つける。

ふねB《びー》を　つくる

……1まい

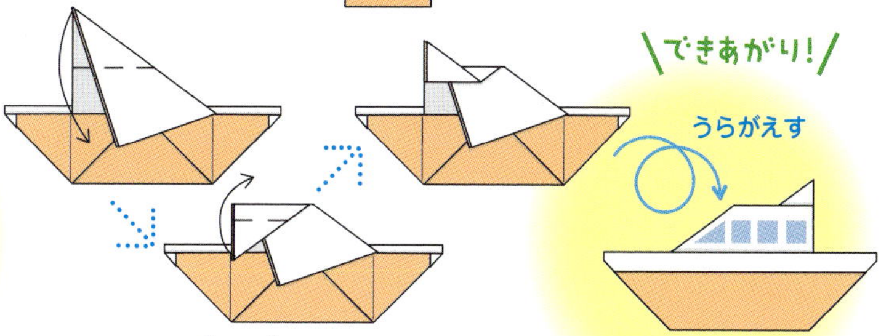
できあがり!
うらがえす

1 5まで　ヨット《よっと》と　おなじ。てんせんで　おる。

2 もういちど、てんせんで　おる。

3 まどを　つける。

のりもの
だいすき

たのしい ボート《ぼーと》

「いち、に。いち、に。」
こえを　あわせて、
ボート《ぼーと》を　こごう！

つくりかた　ボート《ぼーと》を　つくる

……1まい

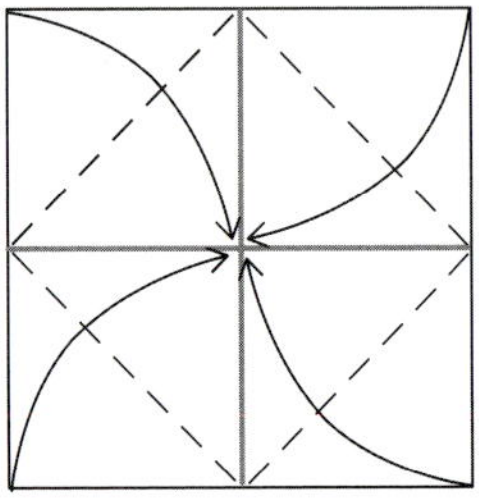

1 てんせんで
おる。

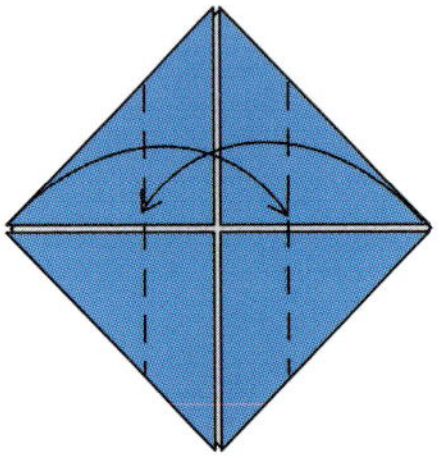

2 てんせんで
おる。

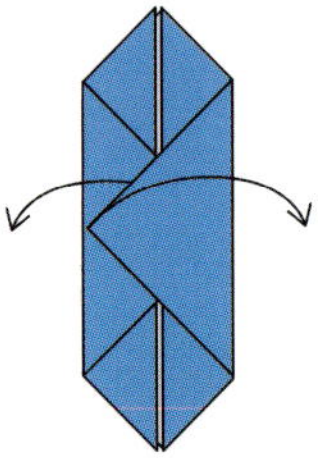

3 おりせんを
つけて、
ひらく。

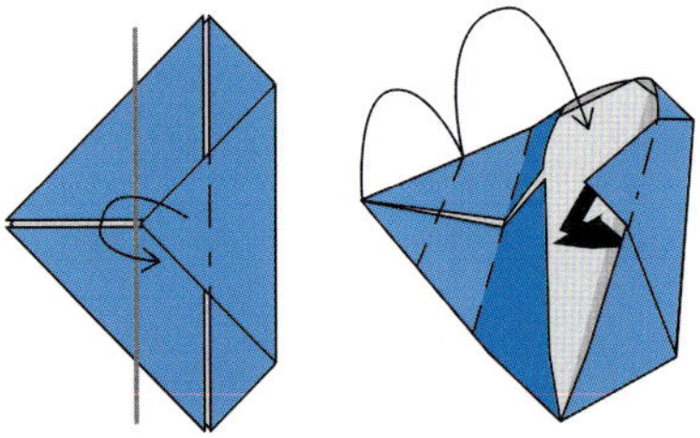

4 うちがわを　たてて、
おった　ところを
なかに　おりこむ。

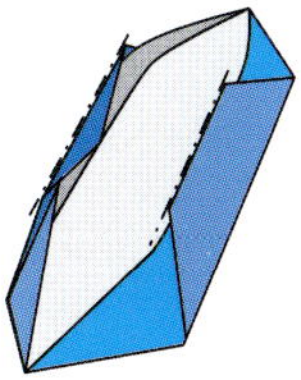

5 しっかり
やまおりする。

オール《おーる》を　つくる

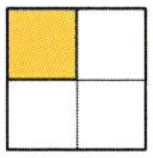

……2まい（4ぶんの1に　きってね！）

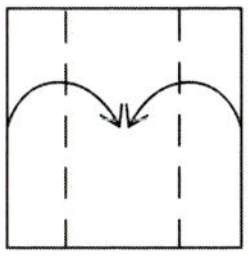

1 てんせんで
おる。

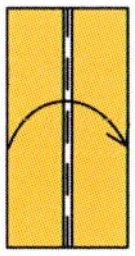

2 てんせんで
おる。

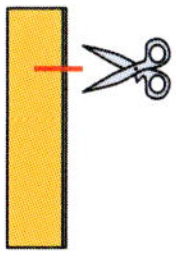

3 きりこみを
いれる。

4 うちがわに
おりこむ。

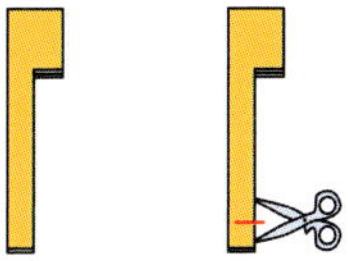

5 のりで　はりあわせ、
きりこみを　いれる。
2ほん　つくる。

カエル《かえる》を　つくる

……1まい

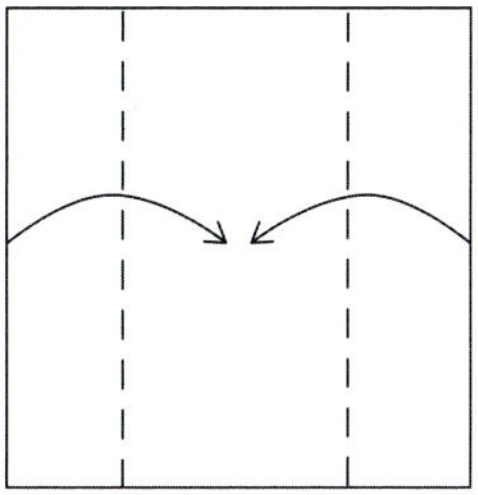

1 てんせんで　おる。

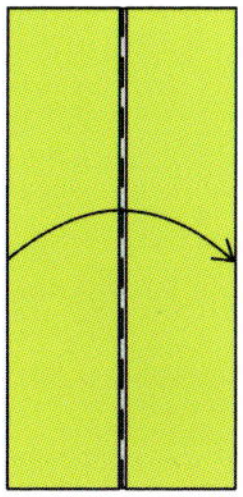

2 てんせんで
おる。

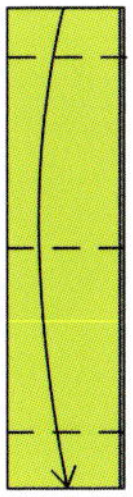

3 てんせんで
おる。

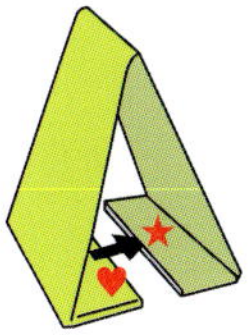

4 ♥を　★に
さしこむ。

5 めを　はり、くちや
てを　かく。

6 オール《おーる》の　きりこみを
ボート《ぼーと》の　ふちに
はさむ。

のりもの
だいすき

ロケット《ろけっと》&《あんど》UFO《ゆーふぉー》

ゆめいっぱい。
うちゅうに　むかって、
しゅっぱつしよう！

つくりかた

ロケット《ろけっと》を　つくる

 と  ……1まいずつ

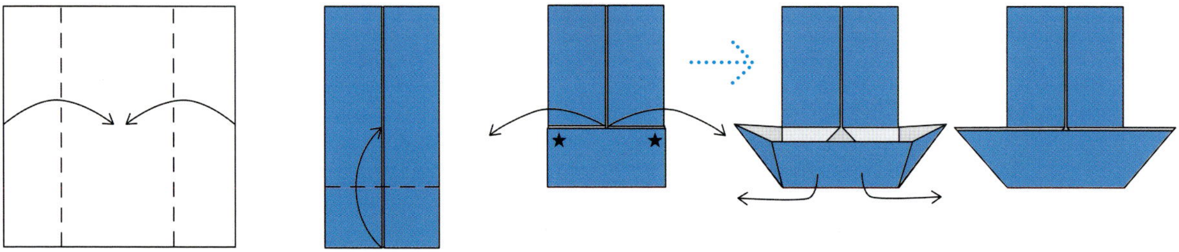

1 てんせんで おる。

2 てんせんで おる。

3 ★を　もって、そとに　ひらく。

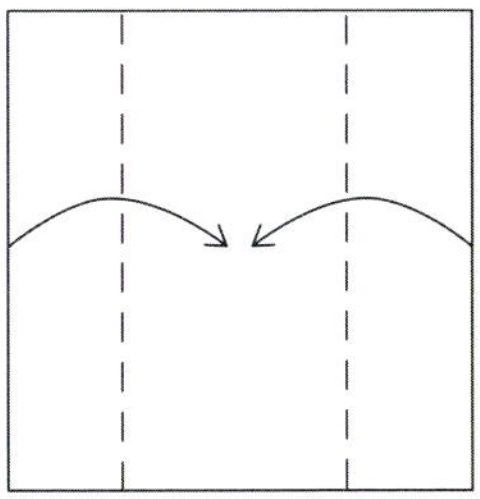

4 てんせんで　おる。

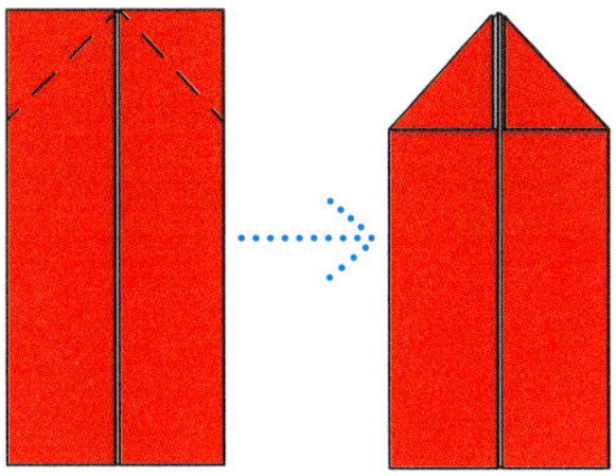

5 てんせんで　おる。

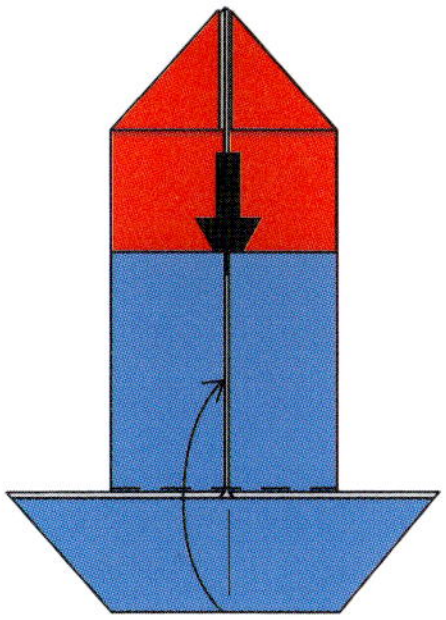

6 3に　5を　さしこみ、
てんせんで　おる。

7 まどや　かざりを　つける。

UFO《ゆーふぉー》を　つくる

……1まい

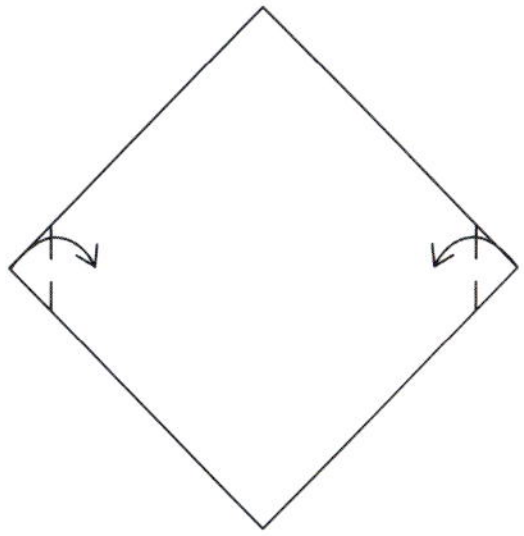

1 てんせんで
おる。

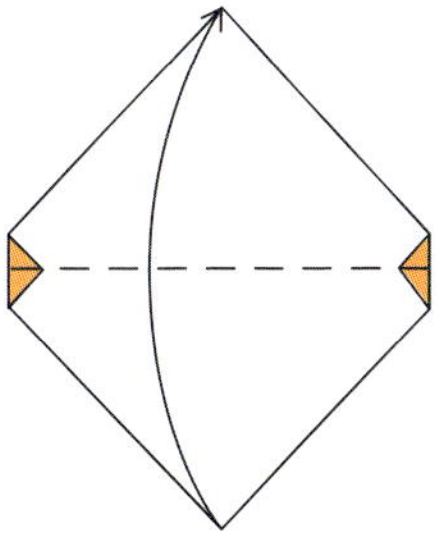

2 はんぶんに
おる。

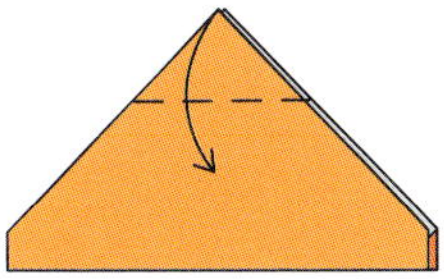

3 てんせんで　おる。

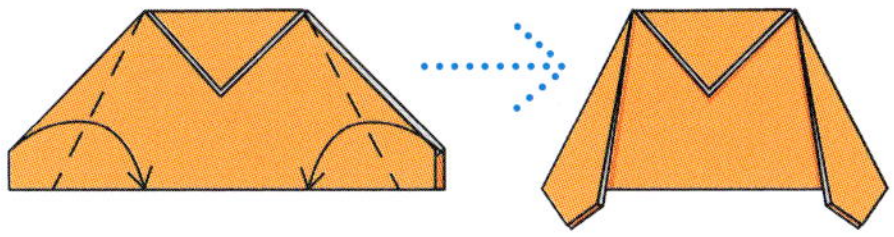

4 てんせんで　おる。

5 かざりを　つける。

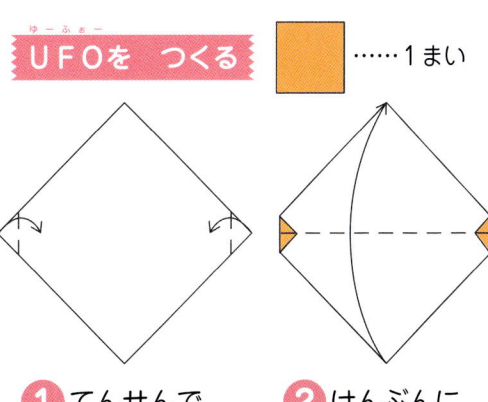

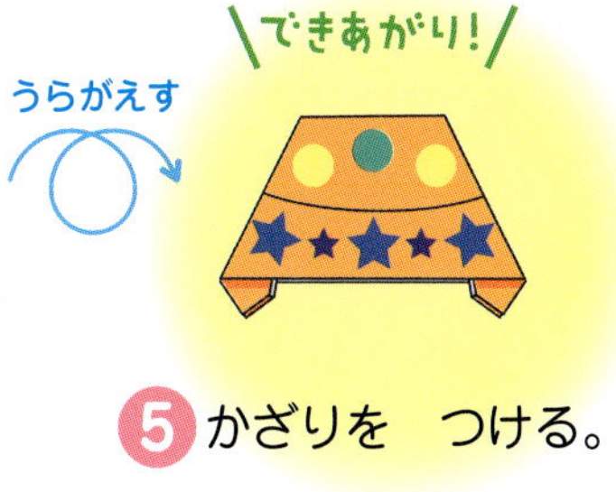

いきもの
あつまれ

ゆめの どうぶつえん

いろいろな　どうぶつが
だいしゅうごう！
こんな　どうぶつえんに
いってみたいな！

※ほかの　テーマに　いる　どうぶつも　あつまって　いるよ。

さかな

いっぱい　つくって、
にぎやかに
およがせよう！

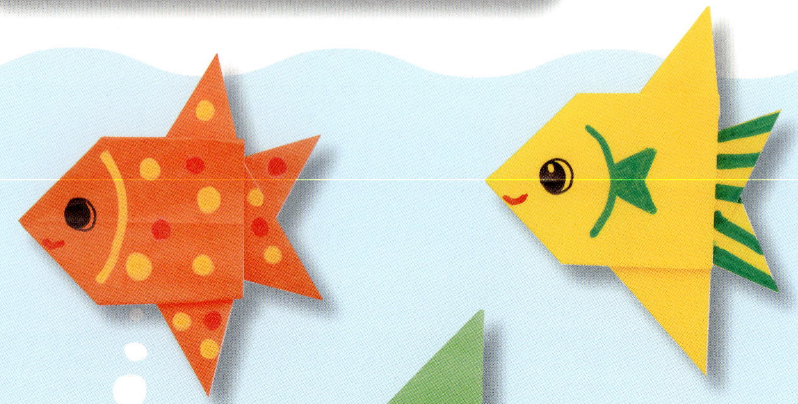

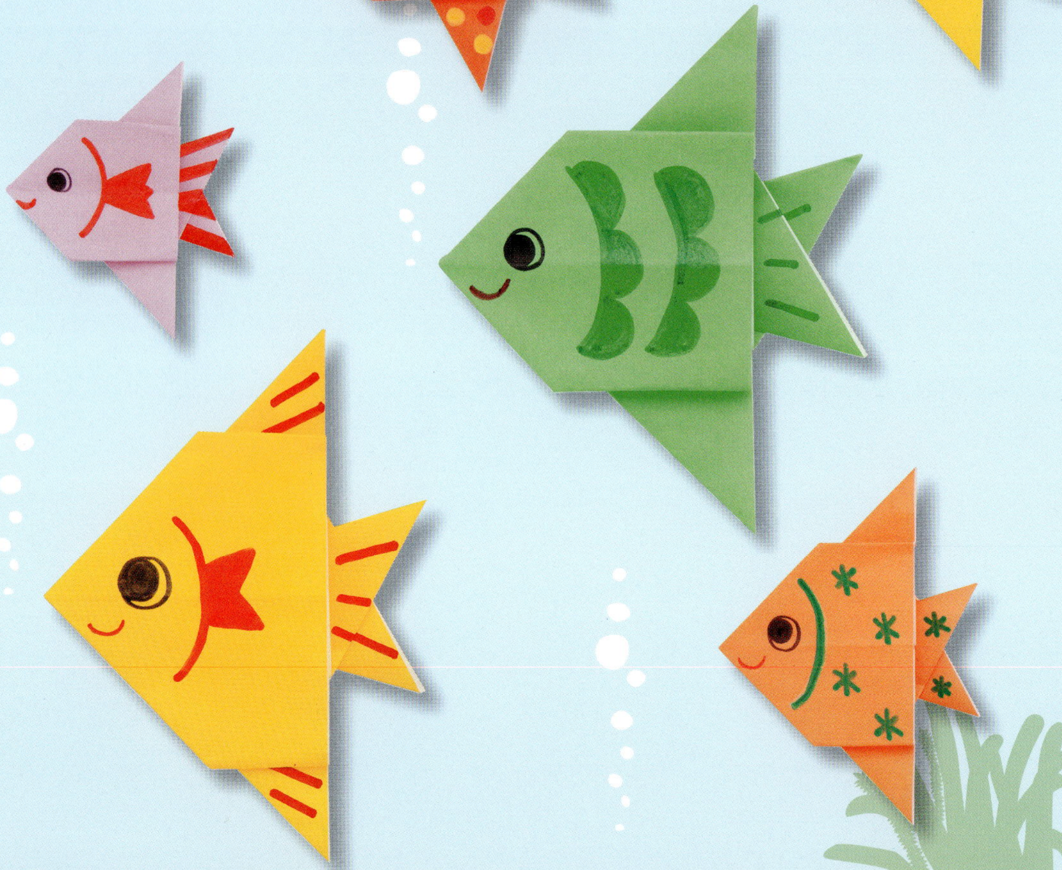

つくりかた　さかなを　つくる

……1まい

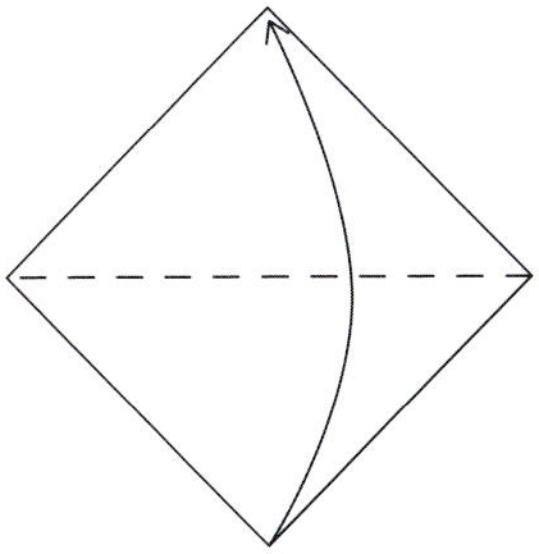

❶てんせんで　はんぶんに
おる。

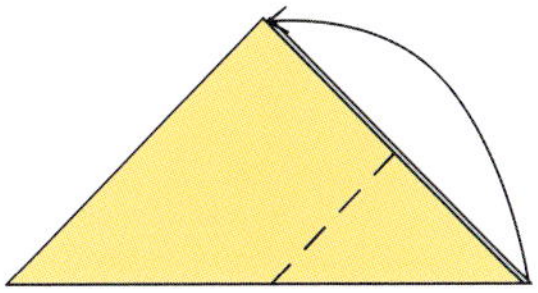

❷てんせんで　おる。

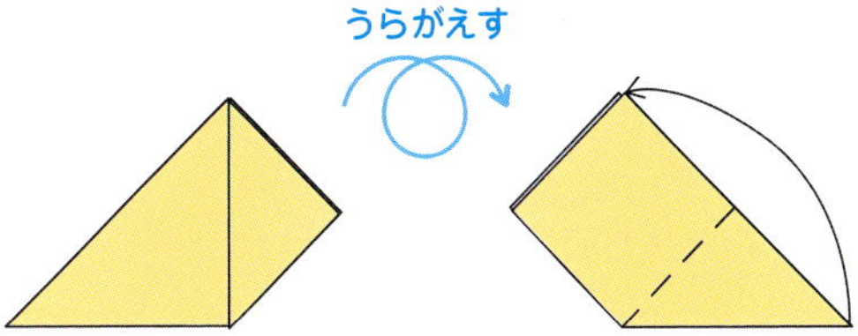

❸てんせんで　おる。

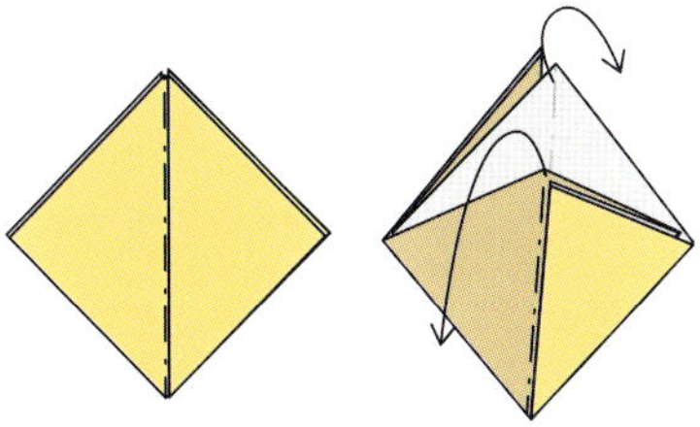

❹うえを　ひらいて、
さんかくを　つくる。

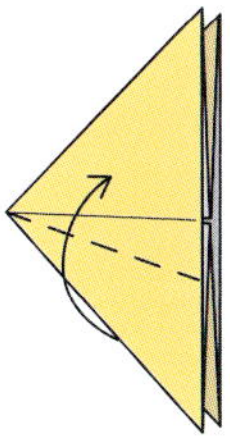

❺てんせんで　おる。

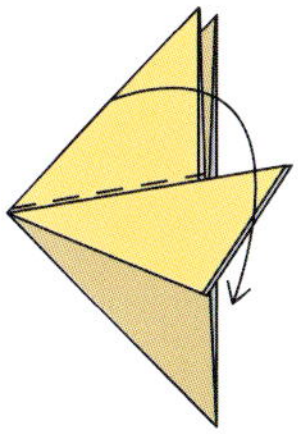

❻てんせんで　おる。

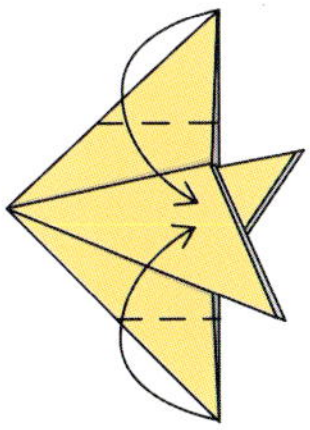

❼かどを　てんせんで
おる。

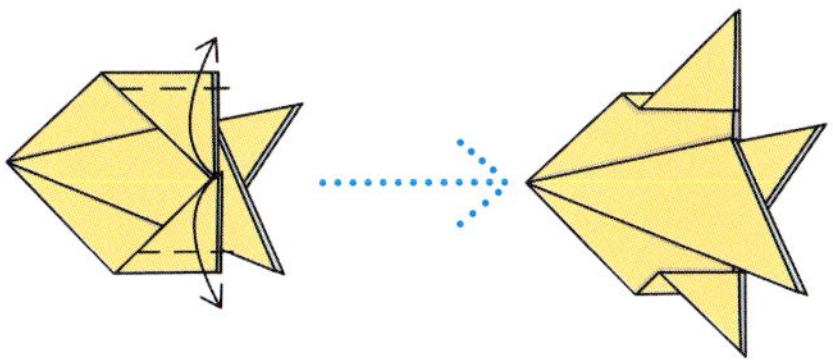

❽もういちど　てんせんで
おる。

❾かおや　もようを　かく。

いきもの
あつまれ

まんぼうとくじら

つくりかた

マンボウ《まんぼう》を　つくる

……1まい

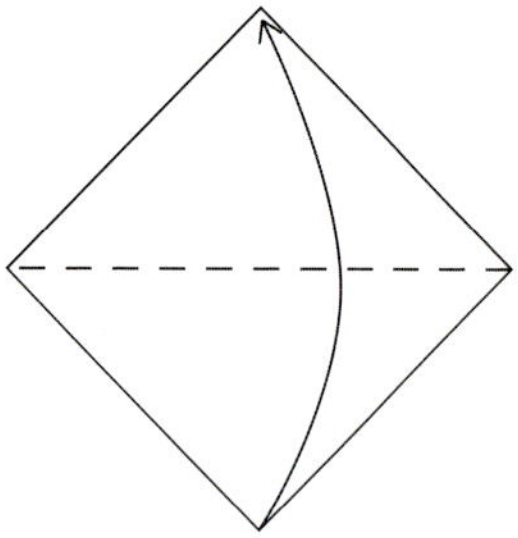

1 てんせんで　おる。

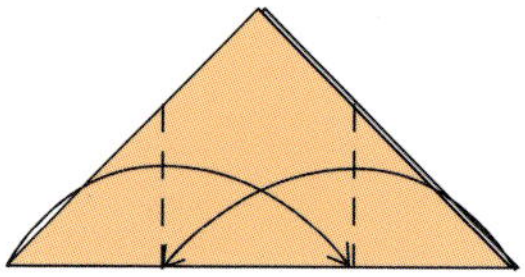

2 りょうがわから
てんせんで　おる。

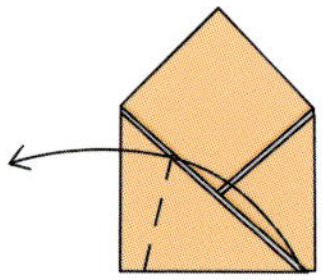

3 てんせんで　おる。

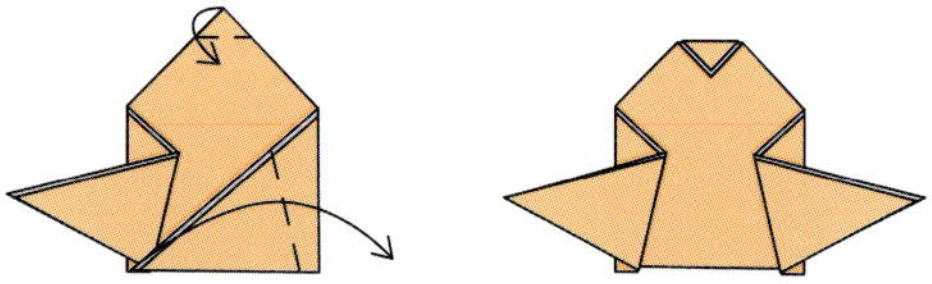

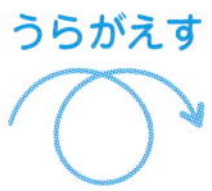

4 もういっぽうと、うえも
てんせんで　おる。

5 かおや　もようを
かく。

のんびり　ゆうゆうと
およぎたいね。
どっちが　すきかな？

クジラ《くじら》を　つくる

……1まい

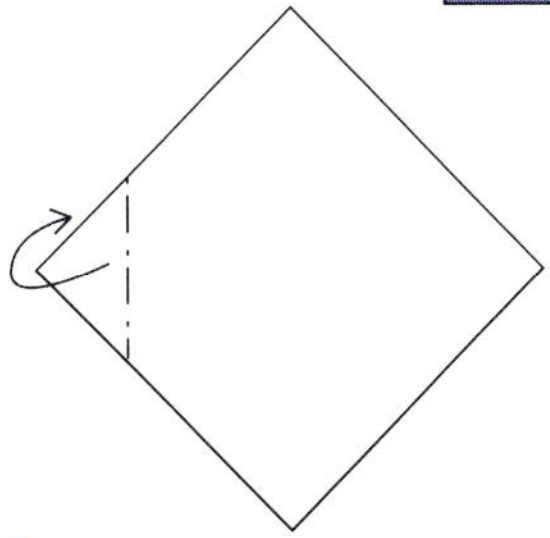

❶てんせんで
やまおりする。

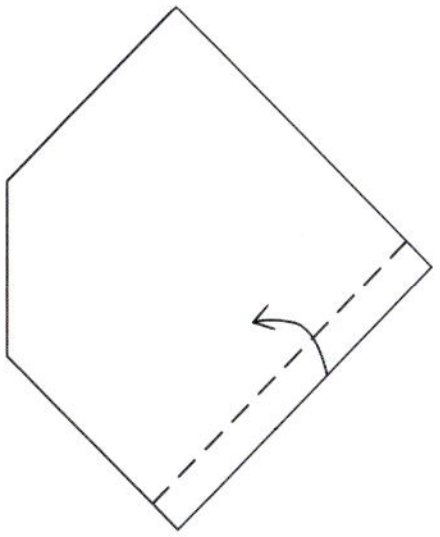

❷てんせんで　おる。

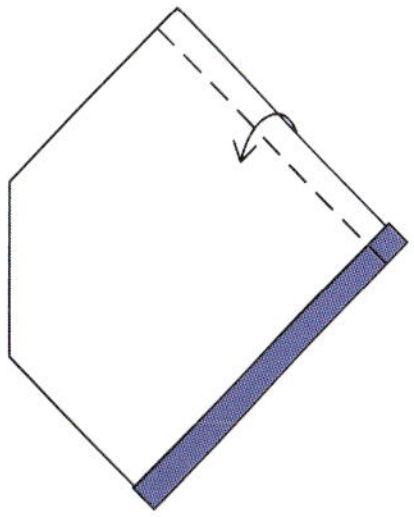

❸てんせんで　おる。

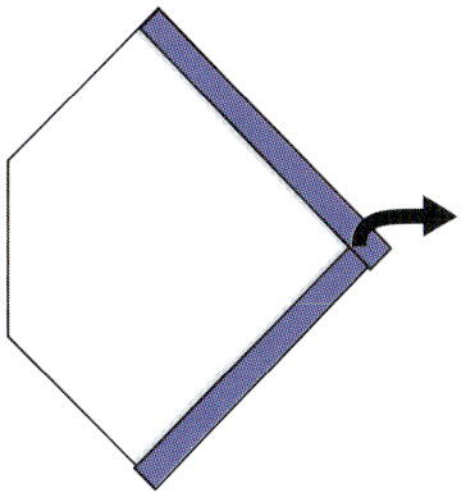

❹かさなった
ところを　ひきだす。

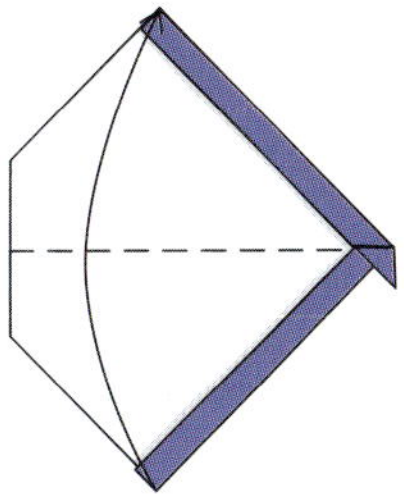

❺てんせんで
おる。

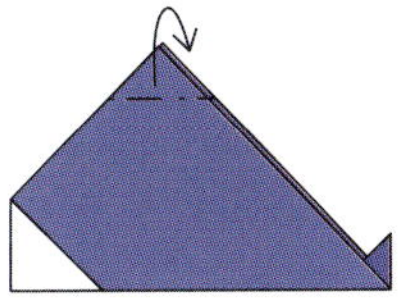

❻てんせんで
やまおりする。

＼できあがり！／

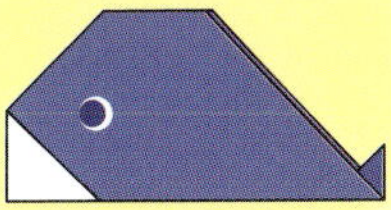

❼めを　つける。

いきもの あつまれ

にわとり

ぴよぴよ　ひよこ。
ママ《まま》と　おさんぽに
いく　ところ。

つくりかた

にわとりを　つくる

……1まい

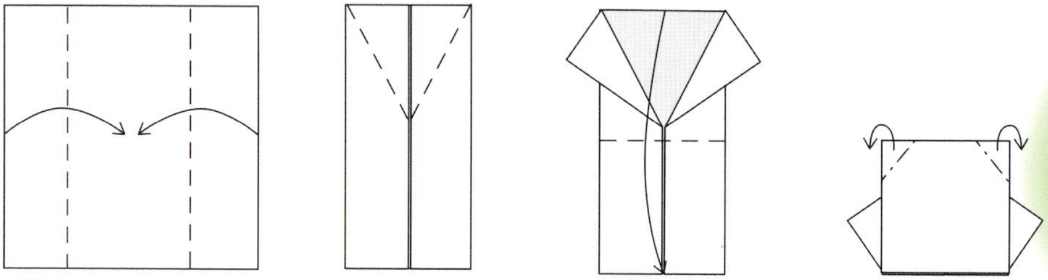

1 てんせんで おる。

2 てんせんで おる。

3 てんせんで おる。

4 てんせんで やまおりする。

\できあがり！/

5 トサカ《とさか》や くちばし、めを　はる。

ひよこを　つくる

……1まい

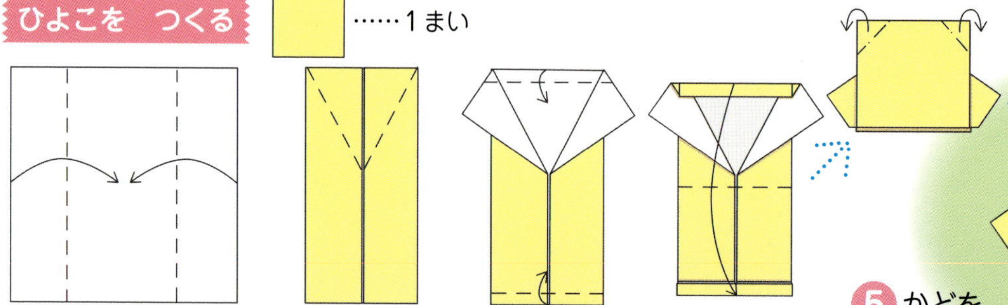

1 てんせんで おる。

2 てんせんで おる。

3 てんせんで おる。

4 てんせんで おる。

\できあがり！/

5 かどを　やまおりし、めや　くちばしを つける。

ペンギン《べんぎん》

ぺたぺた、とことこ。
みんなで　おさんぽに
いく　ところ。

ペンギン《べんぎん》を　つくる

……1まい

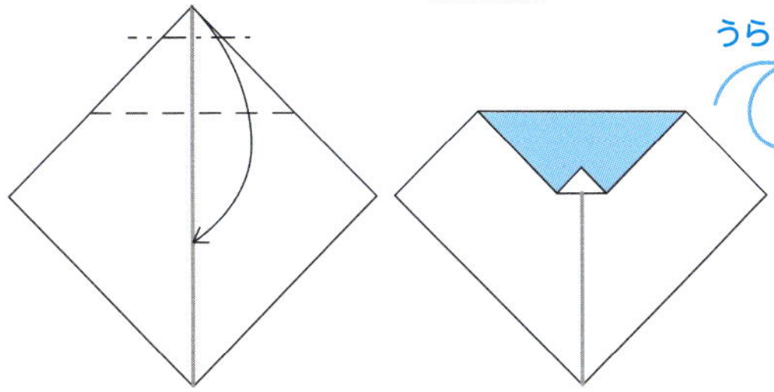

1 おりせんを　つけて
てんせんで　2かしょ　おる。

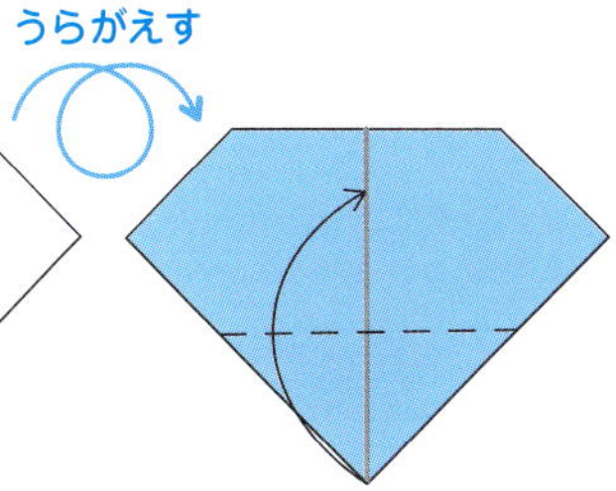

2 てんせんで
おる。

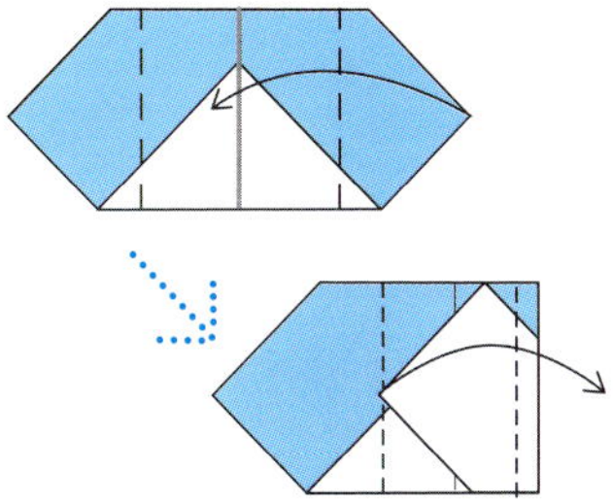

3 てんせんで　おる。

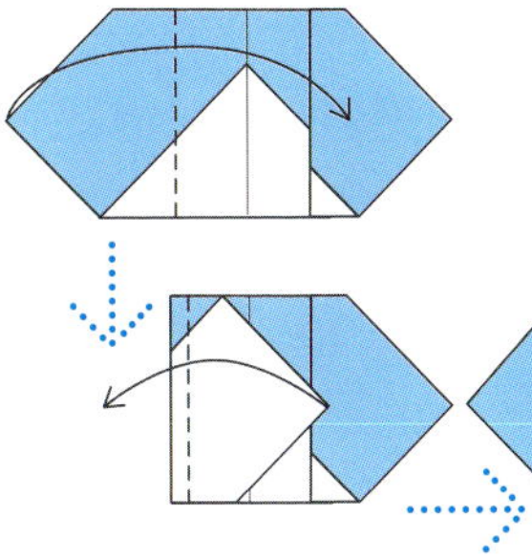

4 みぎを　いちど ひらき、
ひだりも おって、ひらく。

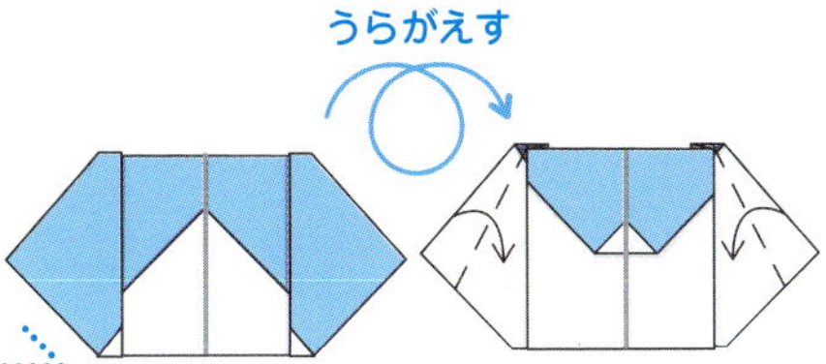

5 てんせんで
はねを　おる。

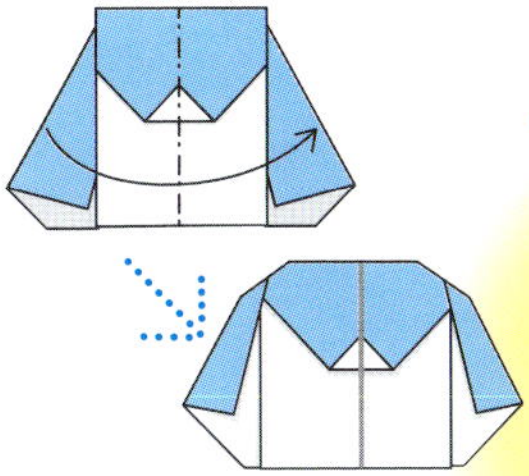

6 てんせんで
やまおりし、
めはなを　かく。

まんなかで
おると、たつよ。

いきもの
あつまれ

ビーグル《びーぐる》

わんわん、わん！
どっちの　わんちゃんが　おきにいり？

つくりかた　**かおを　つくる**　……1まい

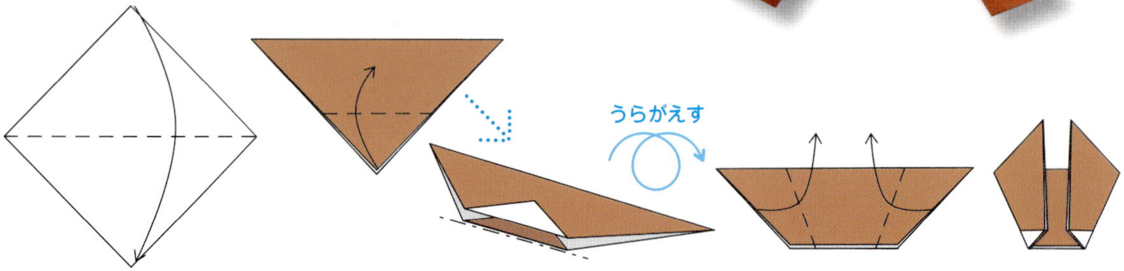

1 てんせんで　おる。

2 てんせんで　おり、したは
うちがわに　やまおりする。

3 てんせんで　おる。

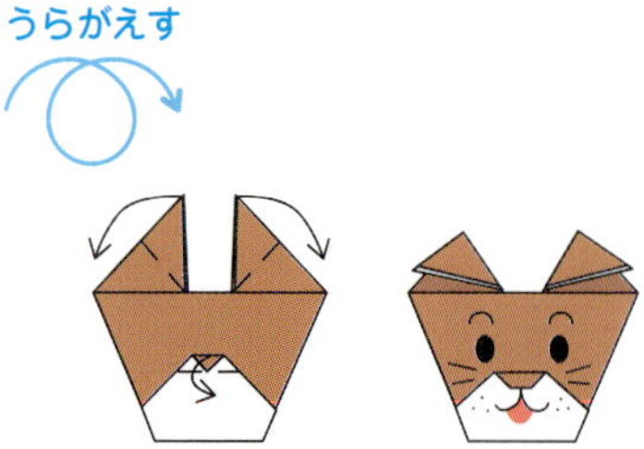

4 みみと　はなを
てんせんで　おり、
めや　くちを　かく。

からだを　つくる　……1まい

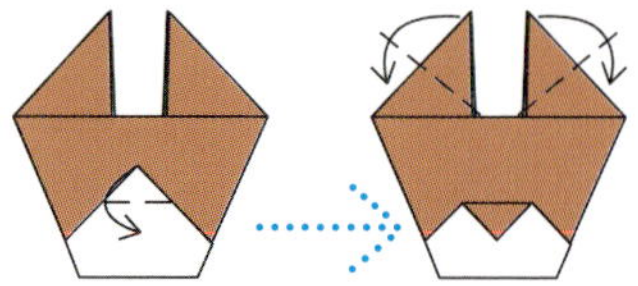

1 3まで　かおと　おなじように
つくり、うらがえして
てんせんで　おる。

2 1を　さかさまに
して、4を　はる。

ダ《だ》ッ《っ》ク《く》ス《す》フ《ふ》ン《ん》ド《ど》

かおを　つくる

……1まい

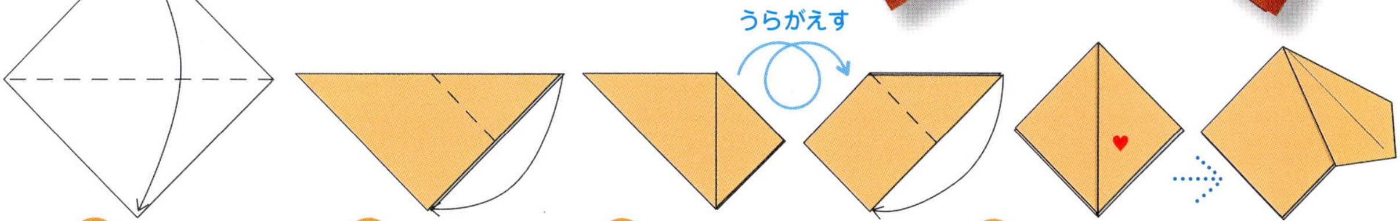

1 てんせんで　おる。

2 てんせんで　おる。

3 てんせんで　おる。

4 ♥を　ひらいて　つぶす。

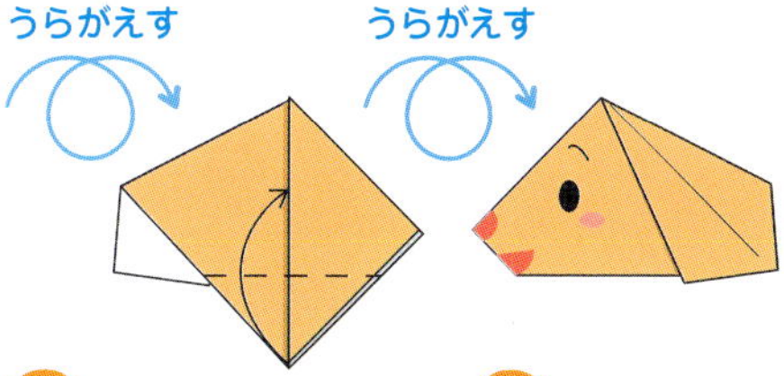

5 てんせんで　おる。

6 かおを　かく。

からだを　つくる

……1まい

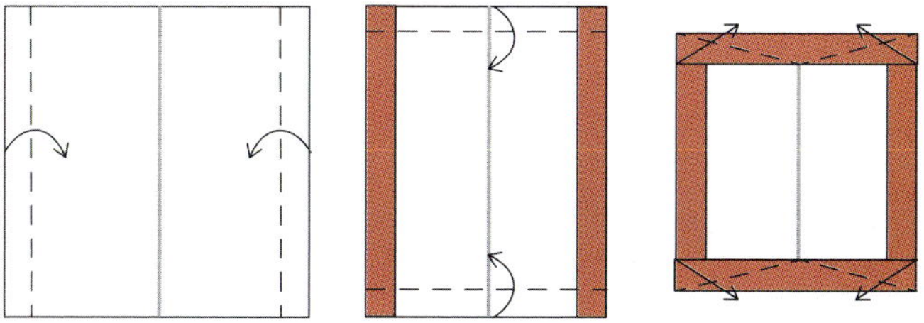

1 てんせんで　おる。

2 てんせんで　おる。

3 てんせんで　おる。

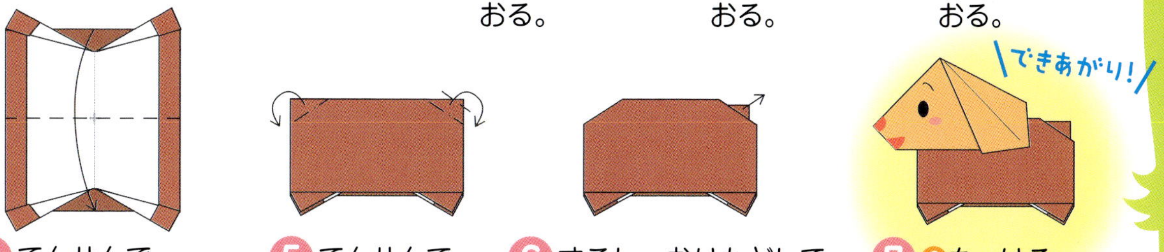

4 てんせんで　はんぶんに　おる。

5 てんせんで　やまおりする。

6 すこし　おりもどして、しっぽを　つくる。

7 6を　はる。

ねこ

おしゃれに　きめたね
なかよし　ねこちゃん

つくりかた

かおを　つくる

……1まい

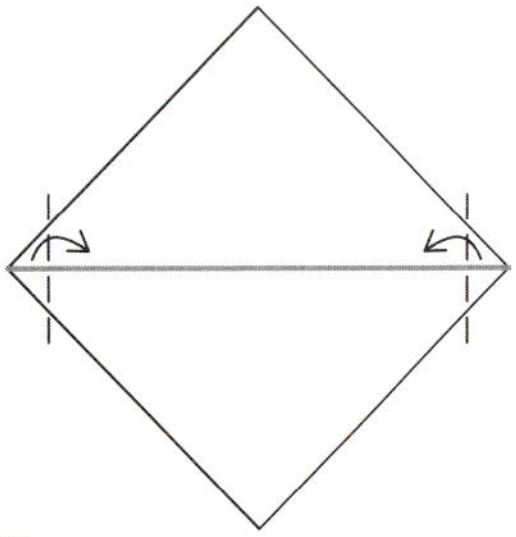

1 おりせんを　つけ、
てんせんで　おる。

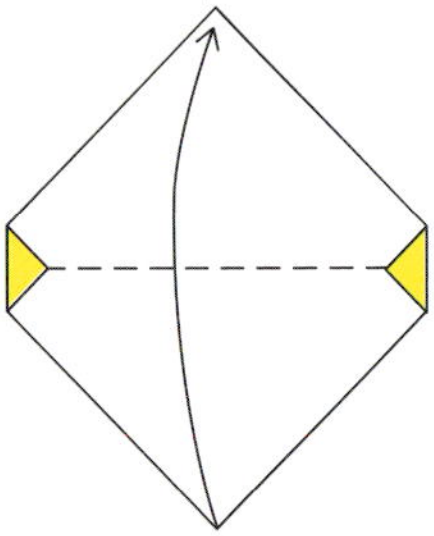

2 てんせんで
おる。

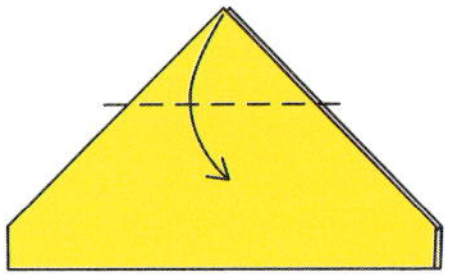

3 てんせんで
おる。

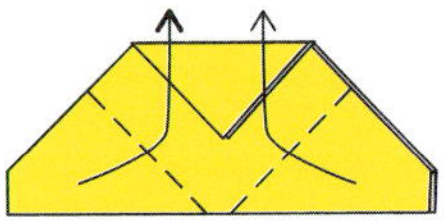

4 まんなかを
あけるように、
てんせんで　おる。

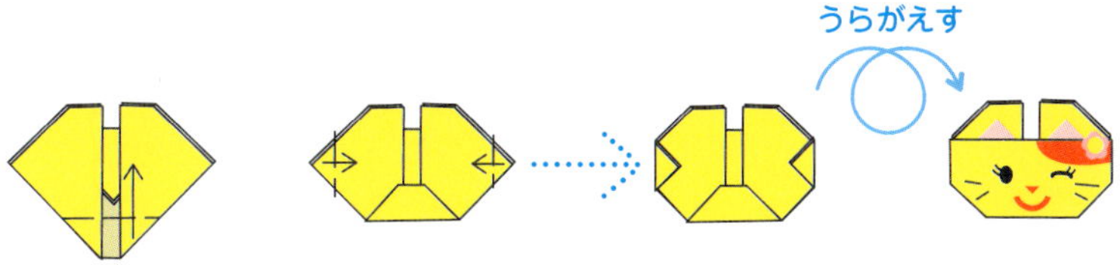

5 てんせんで
おる。

6 りょうがわの　かどを
てんせんで　おる。

7 かおを
かく。

からだを　つくる

……1まい

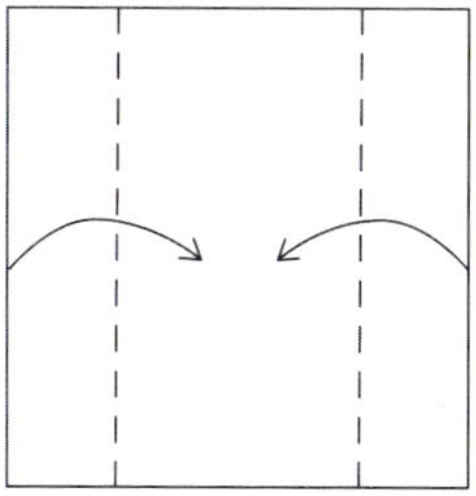

1 てんせんで　おる。

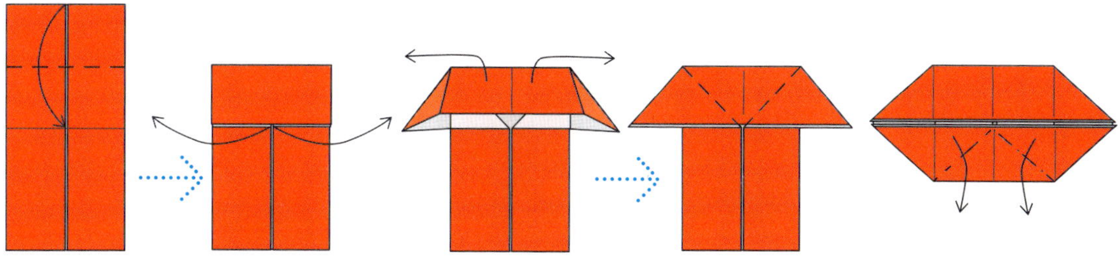

2 てんせんで
おる。

3 おった　ところを　よこに　ひらく。
したも　おなじように　おる。

4 てんせんで
したに　おる。

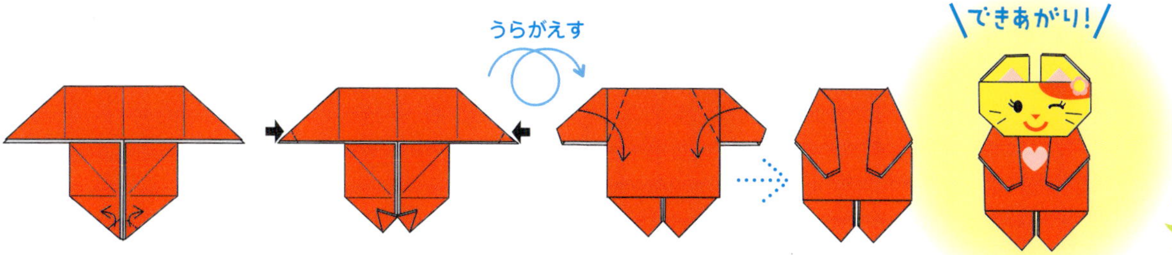

5 てんせんで
おる。

6 てんせんで　おり、
うちがわに　おりこむ。

7 おもてに　して、
てんせんで　おる。

8 かおを　つける。

いきもの
あつまれ

なかよし あつまれ！

ゾウ《ぞう》

ぼくたち、からだは
おおきくても、
せいかくは
おっとりだよ。

サイ《さい》

ロバ《ろば》

ゾ《ぞ》ウ《う》

つくりかた

かおを　つくる

……1まい

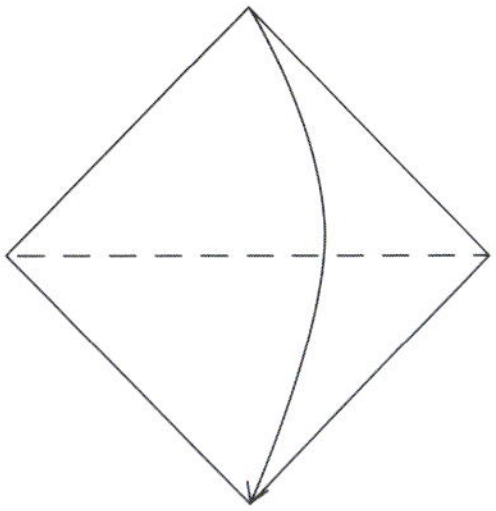

1 てんせんで
おる。

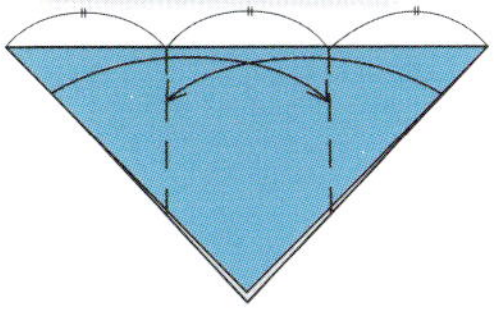

2 3とうぶん　して、
てんせんで　おる。

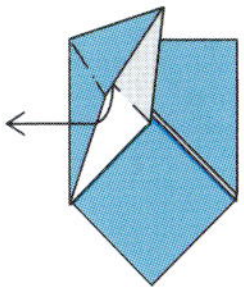

3 かたほうを
ひらく。

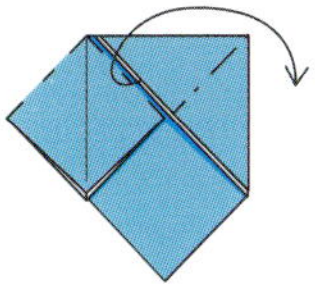

4 もう　かたほうも
ひらく。

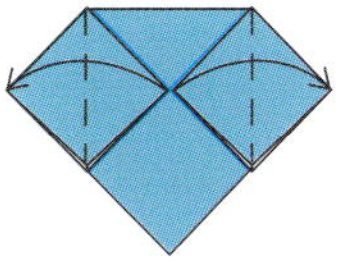

5 てんせんで
おる。

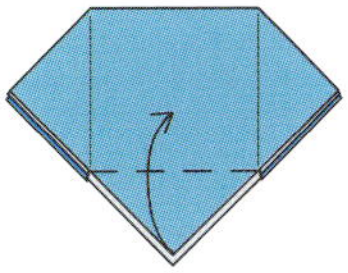

6 てんせんで
おる。

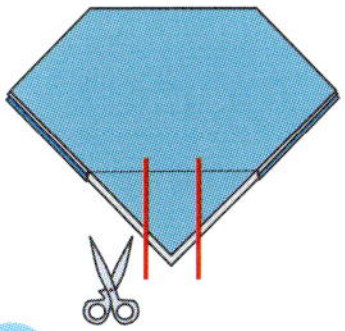

7 きりこみを
いれる。

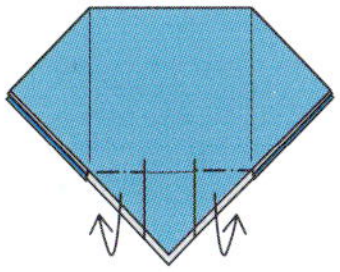

8 てんせんを
やまおりする。

9 はなを　こうごに
おり、めや
ほおを　かく。

からだを　つくる

……1まい

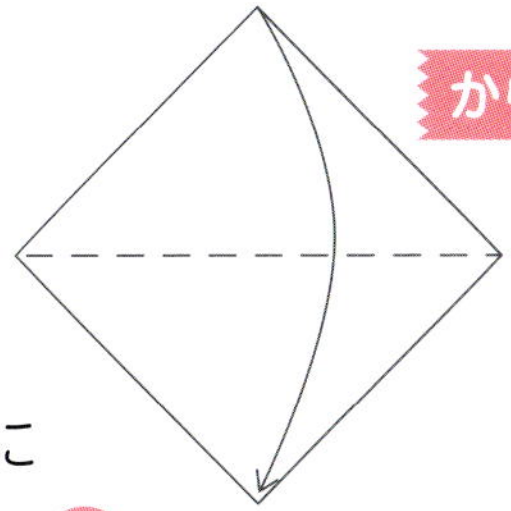

1 てんせんで
おる。

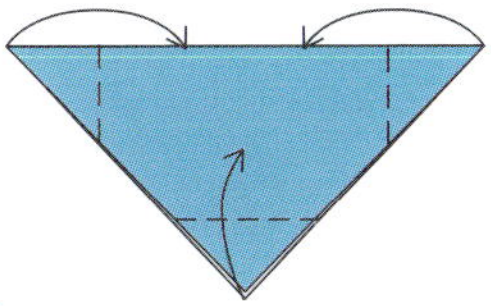

2 てんせんで
おりせんを　つける。

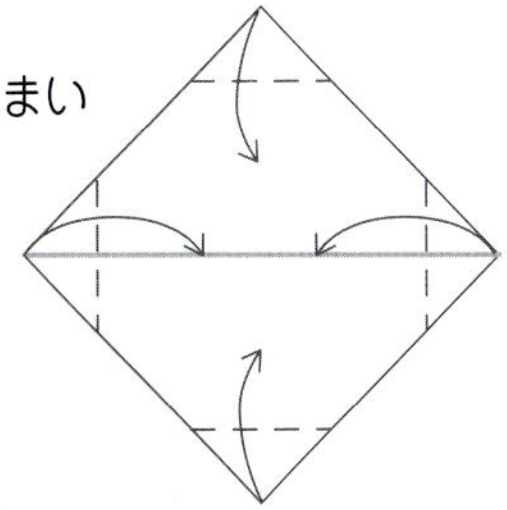

3 ひらいて、おりせんで
うちがわに　おる。

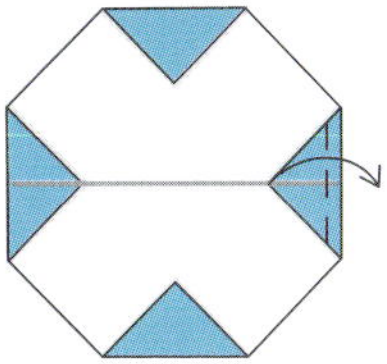

4 みぎ　だけ、
てんせんで　おる。

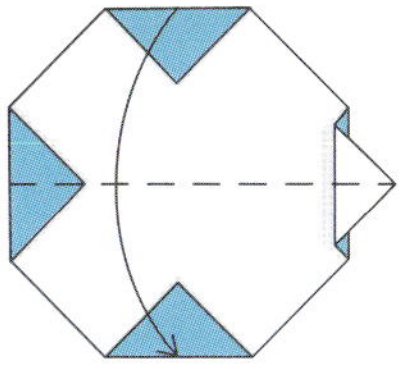

5 はんぶんに
おる。

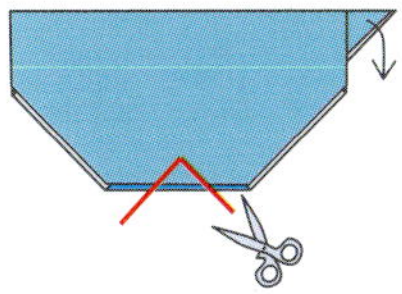

6 しっぽを　さげ、
せんで　きりとる。

7 9を　はり、あしの
つめを　かく。

いきもの あつまれ

サ《さ》イ《い》

かおを　つくる

……1まい

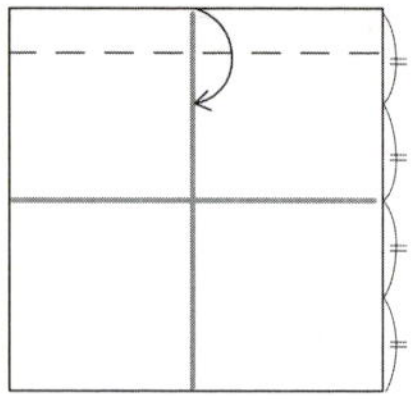

1 てんせんで　4ぶんの1の　せんまで　おる。

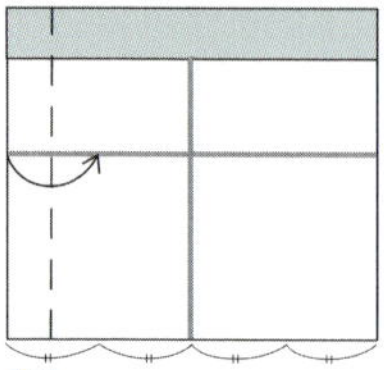

2 てんせんで　おる。

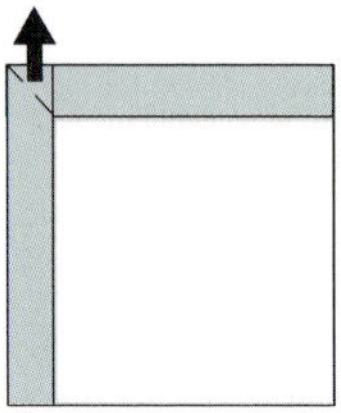

3 かどを　ひきだす。

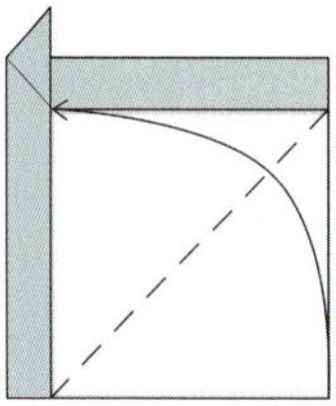

4 てんせんで　おる。

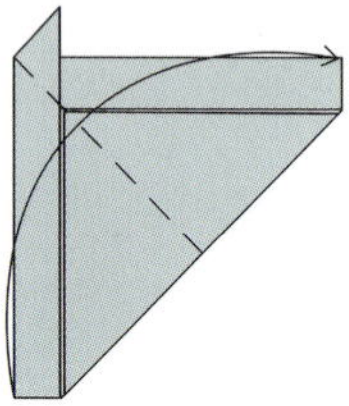

5 はんぶんに　おる。

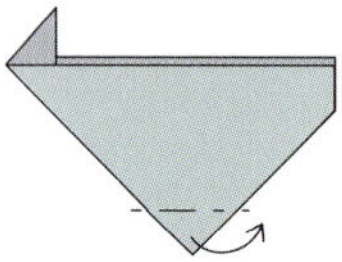

6 かどを　おる。

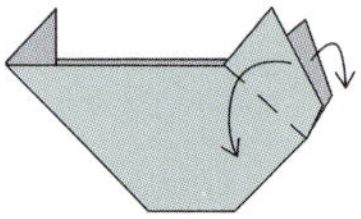

7 てんせんで　それぞれ　うちがわに　おる。

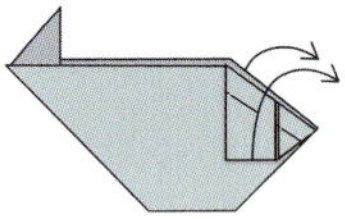

8 てんせんで　おる。

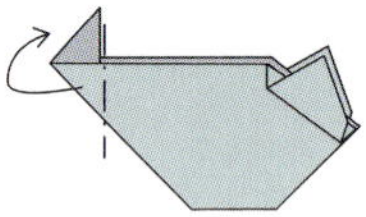

9 てんせんで　やまおりする。

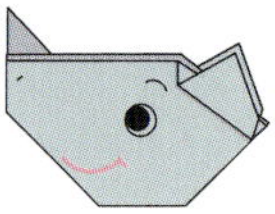

10 めや　くちを　かく。

からだを　つくる

……1まい

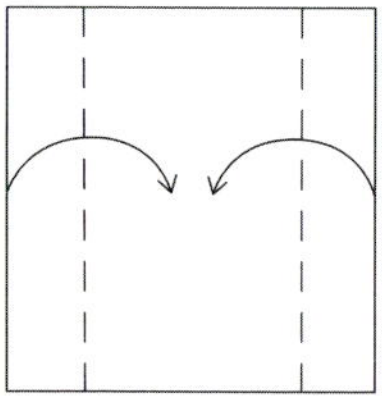

11 すきまを　あけるように　てんせんで　おる。

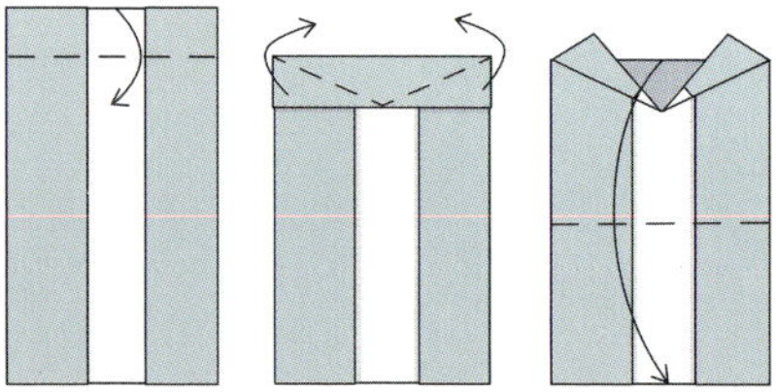

12 てんせんで　おる。

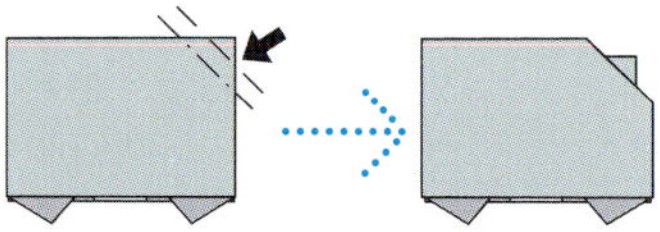

13 てんせんで　おり、しっぽを　だす。

14 13に　10を　はって、かんせい。

ロ《ろ》バ《ば》

かおを　つくる

……1 まい

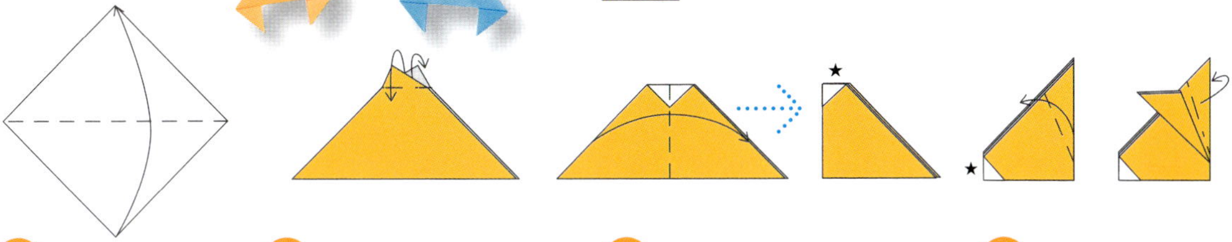

1 てんせんで おる。

2 うえの　かどを、それぞれ　おる。

3 てんせんで はんぶんに　おる。

4 てんせんで おる。

からだを　つくる

……1 まい

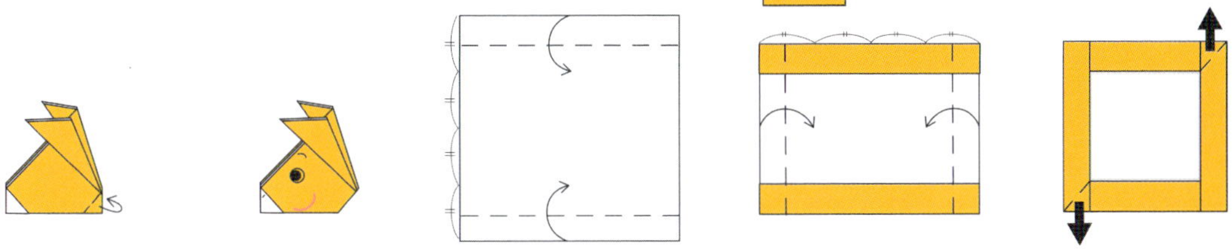

5 やまおり する。

6 めや くちを かく。

7 てんせんで 4ぶんの1の せんまで　おる。

8 てんせんで 4ぶんの1の せんまで　おる。

9 かどを 2かしょ ひきだす。

できあがり!

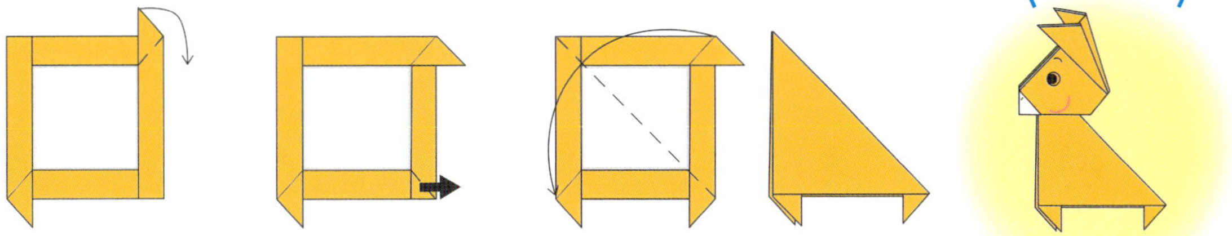

10 てんせんで おる。

11 かどを ひきだす。

12 はんぶんに　おる。

13 12に　6を はって、かんせい。

いきもの
あつまれ

あらいぐま

どうぶつえんの　にんきものだね。

つくりかた

かおを　つくる

……1まい

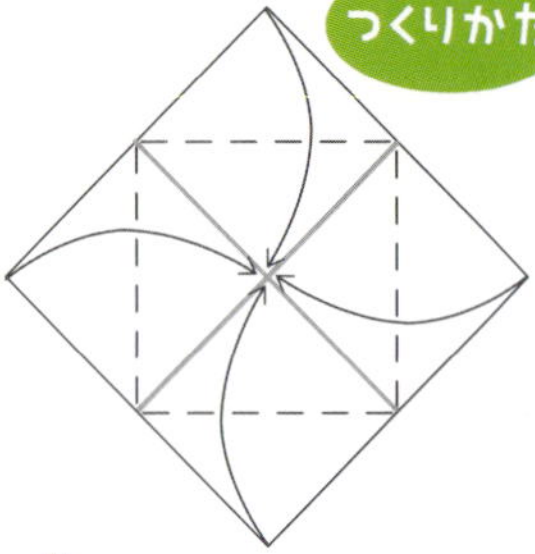

1 てんせんで　おる。

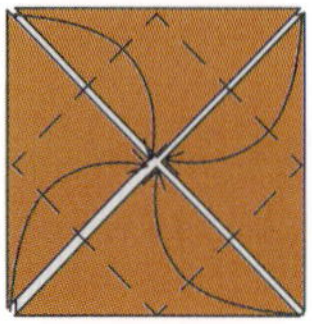

2 てんせんで
おる。

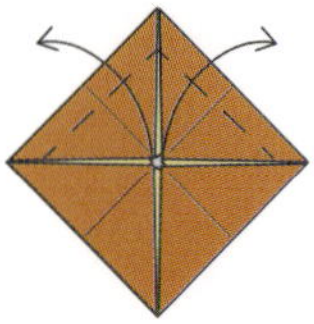

3 うえだけ
てんせんで　おる。

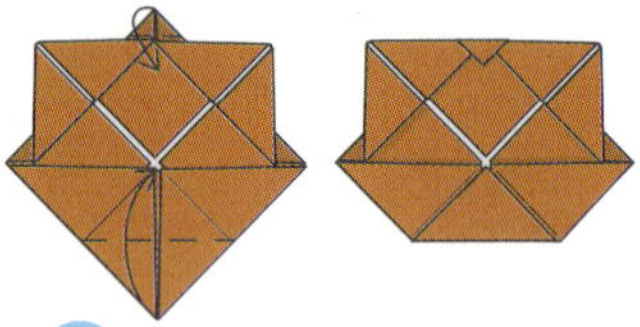

4 てんせんで　おる。

4ぶんの　1に
きった　おりがみ

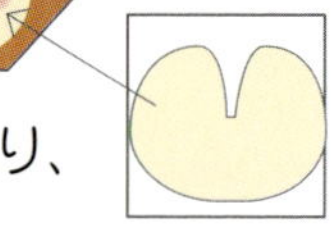

5 かおを　はり、
めはなを　かく。

からだを　つくる

……1まい

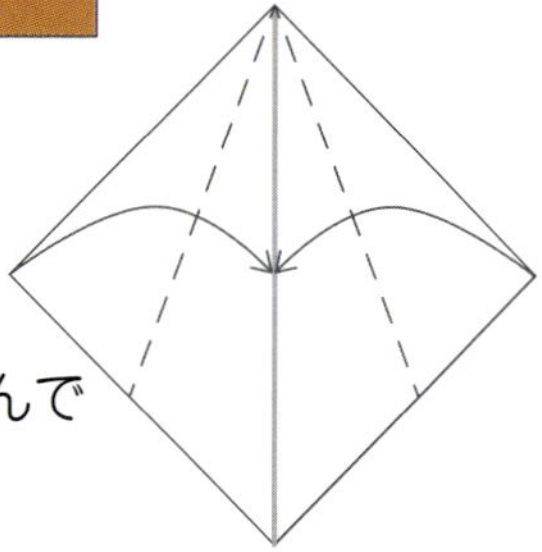

1 てんせんで
おる。

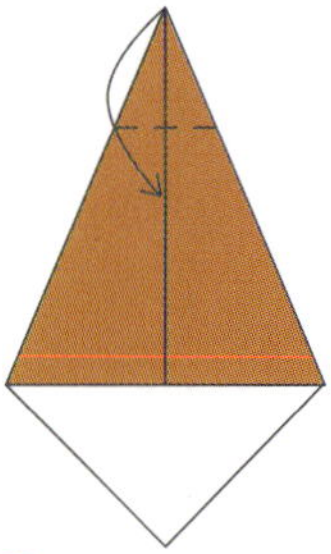

2 てんせんで
おる。

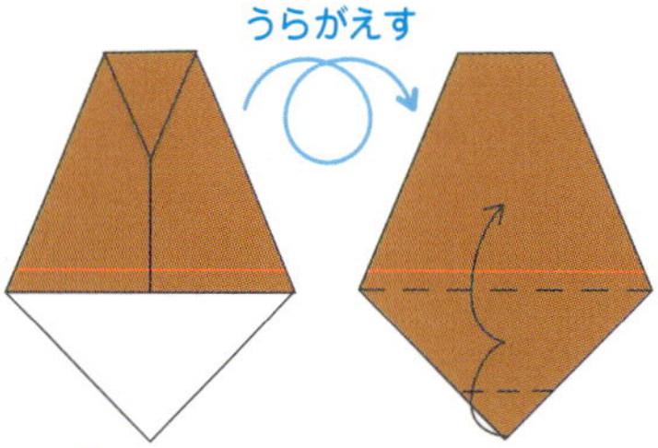

3 てんせんで　2かい
おる。

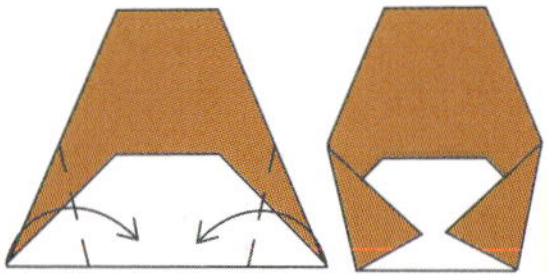

4 てんせんで
おる。

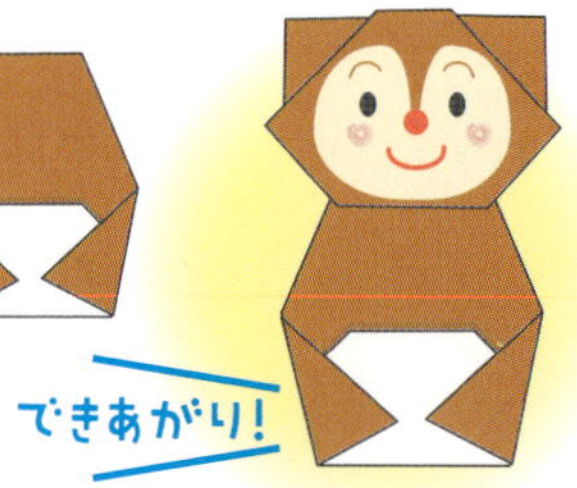

5 5を　はる。

ライオン《らいおん》

かおを　つくる

……1まい

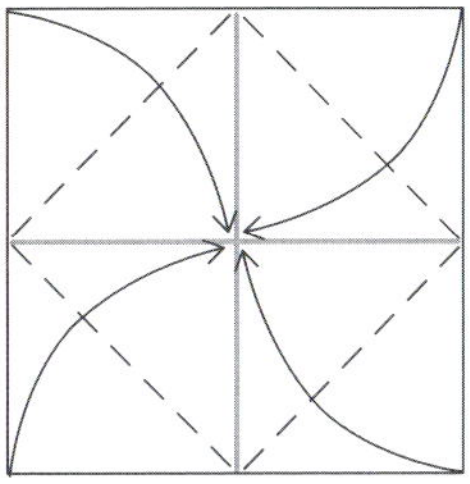

1 てんせんで　おる。

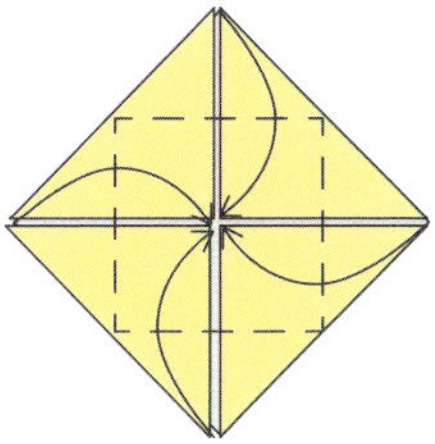

2 てんせんで　おる。

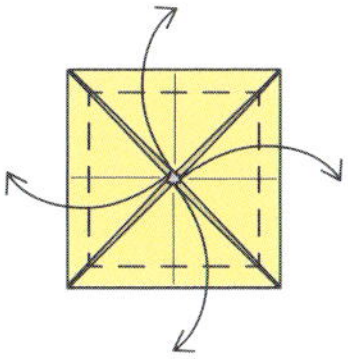

3 てんせんで　おる。

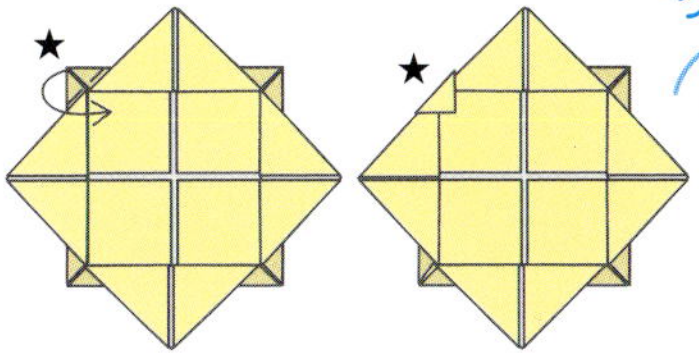

4 ★の　ところを　おる。

5 ★を　うえに　して、かおを　かく。

からだを　つくる

……1まい

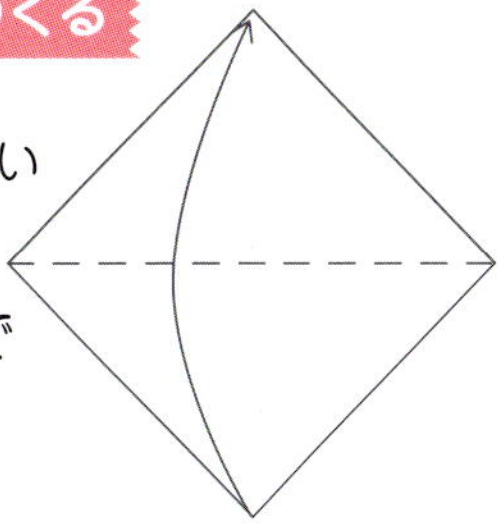

1 てんせんで　おる。

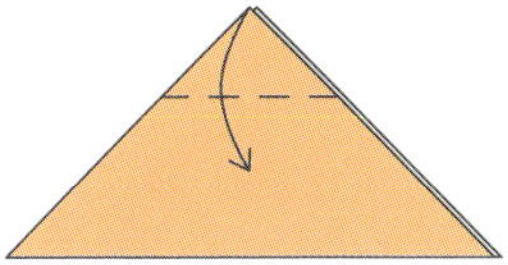

2 てんせんで　おる。

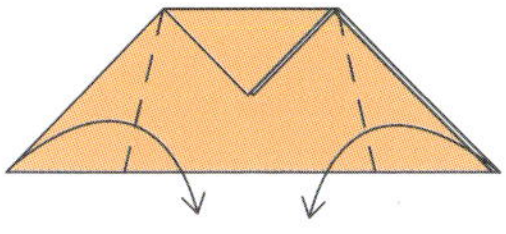

3 てんせんで　おる。

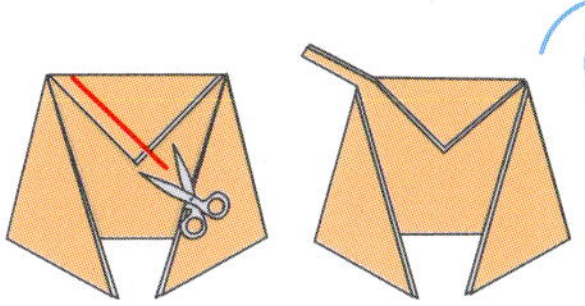

4 きりこみを　いれ、たたせる。

5 5を　はる。

いきもの
あつまれ

コアラ《こあら》ちゃん、おさるちゃん

にこにこの　えがおが
かわいいね！

つくりかた　コアラ《こあら》を　つくる

……1まい

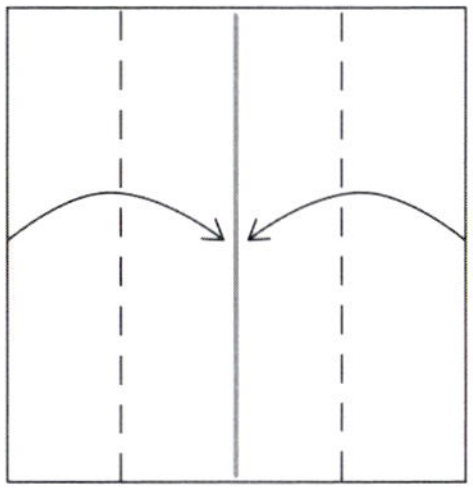

1 おりせんを　つけ、
てんせんで　おる。

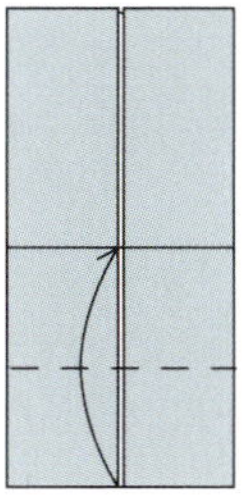

2 てんせんで
おる。

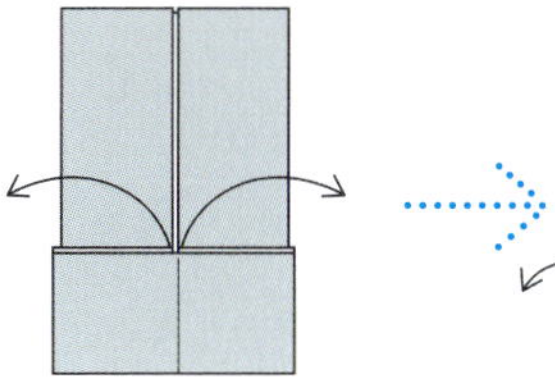

3 おった　ところを、
そとに　ひっぱる。

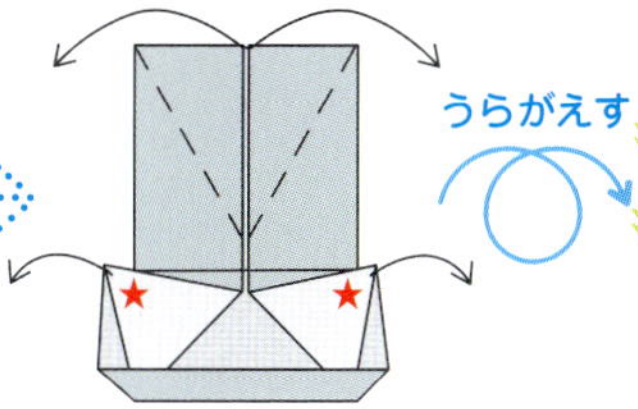

4 ★を　まよこに
ひらき、
てんせんで　おる。

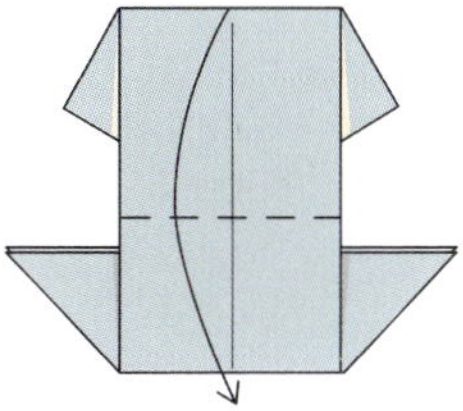

5 てんせんで
おる。

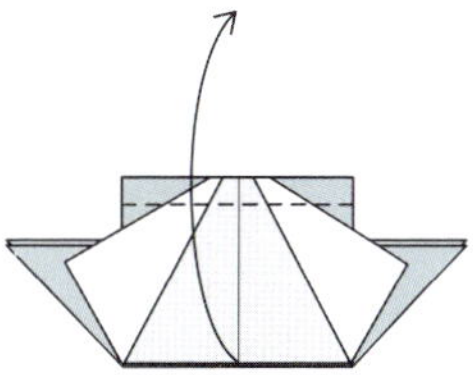

6 てんせんで　うえに
むけて　おる。

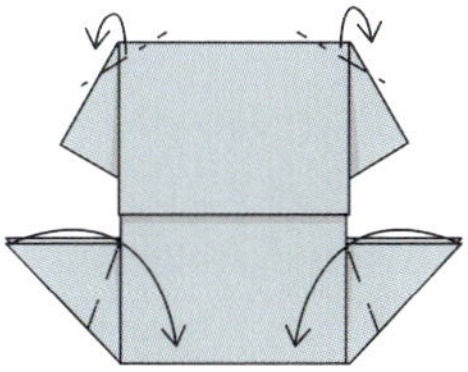

7 てんせんで
おる。

8 かおを　かく。

さるを　つくる

……1まい

1 6までは　コアラ《こあら》と
おなじ。てんせんを
あたまは　すべて
やまおりし、ては
たにおりに　する。

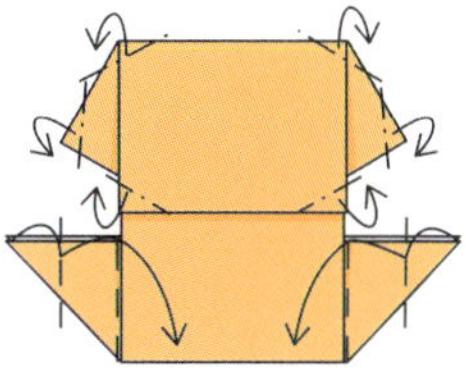

2 かおを　かく。

おはなし
あそび

3びきの こぶた

　3びきの　なかよしきょうだいが、じぶんの
いえを　つくりました。いちばん　うえは、
わらの　いえ。にばんめは　きのいえ。
　すえっこは、れんがの　いえです。
　それを　おおかみが　みていました。
「どの　いえも　ふきとばして、
やるさ！」

おおかみは　ふう。
ひといきで、わらの　いえと、
きの　いえを　ふきとばして
しまいました。

でも、れんがの　いえは、
ふきとばされません。
おおかみは、えんとつから、
はいって、こぶたたちを
おそおうとしました。
おおかみは　あつい
おゆの　なべに　おち、
にげていきました。（おわり）

つくりかた　こぶたを　つくる

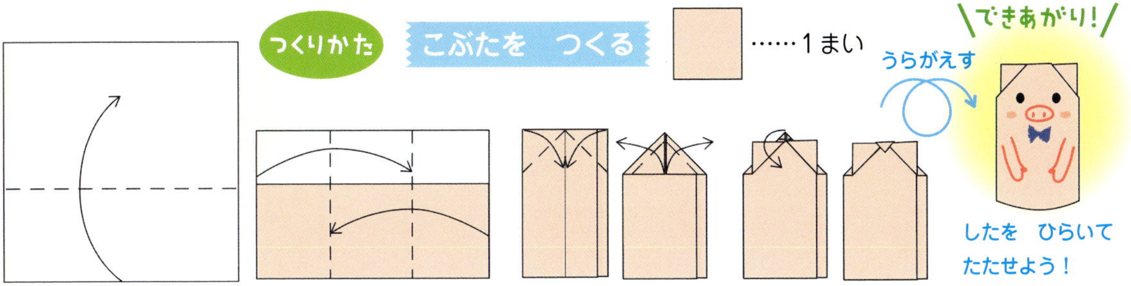

……1まい
＼できあがり！／
うらがえす
したを　ひらいて
たたせよう！

1 てんせんで
おる。

2 てんせんで
3ぶんの1に
おる。

3 てんせんで
おる。

4 うえの
さんかくを
おる。

5 かおや
てを　かく。

おはなしあそび

3びきの こぶた

おおかみを　つくる

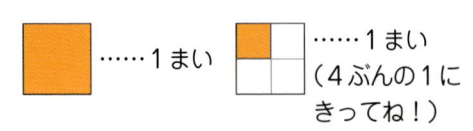

 ……1まい 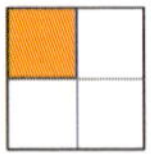 ……1まい（4ぶんの1にきってね！）

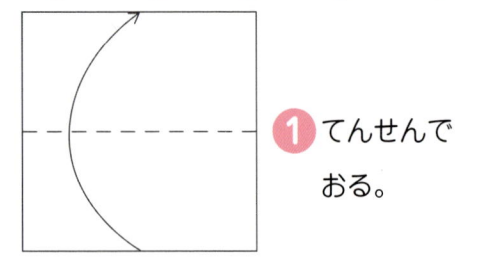

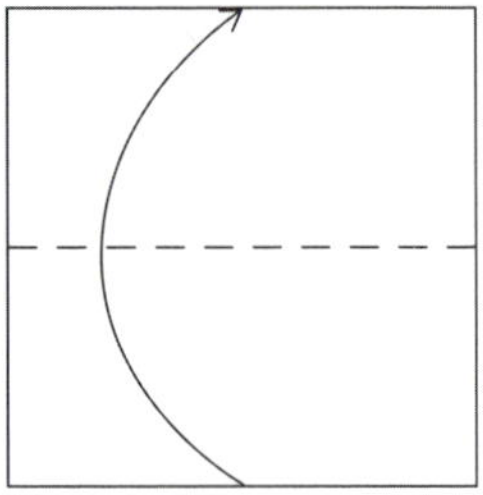

1 てんせんで　おる。

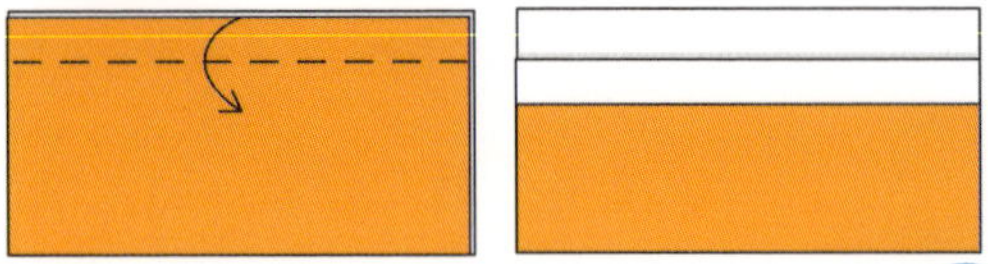

2 てんせんで　うえの　1まいだけ、おる。

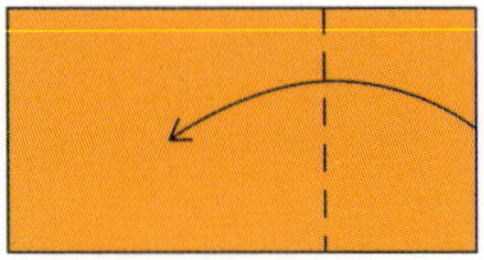

3 てんせんで　おる。

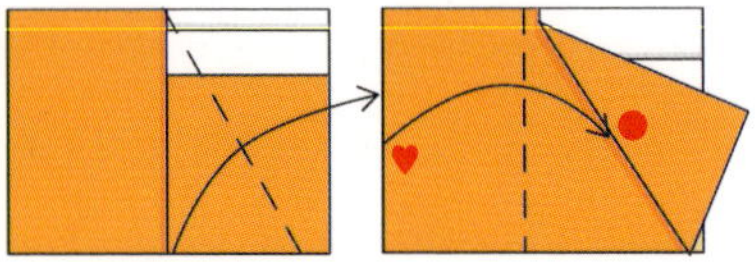

4 てんせんで　おって　いき、♥を　●の　したに　いれる。

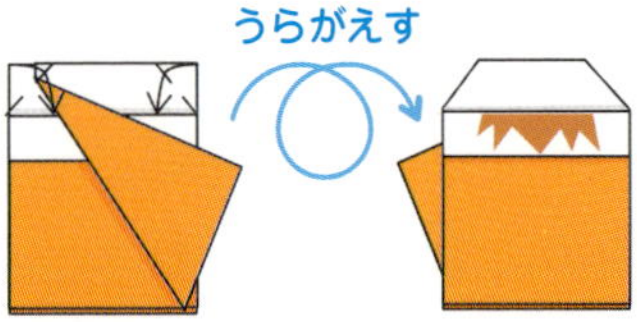

5 てんせんで　おり、おもてに　もようを　かく。

かお

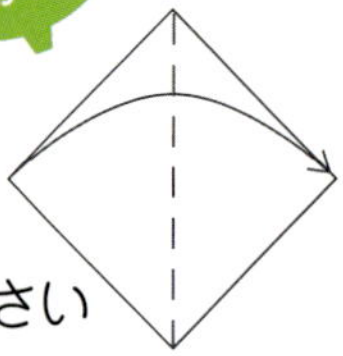

6 ちいさい　おりがみを、てんせんで　おる。

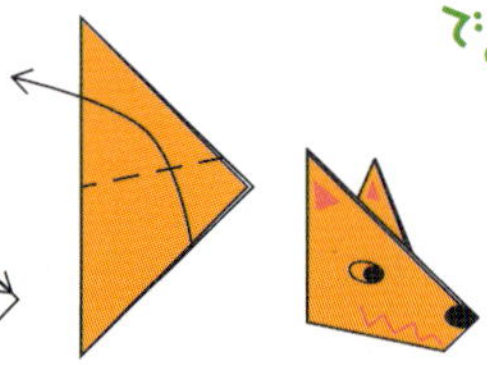

7 てんせんで　うえに　おり、かおを　かく。

8 5に　7を　はって、かんせい。

いえを　つくる

 と  ……1まいずつ

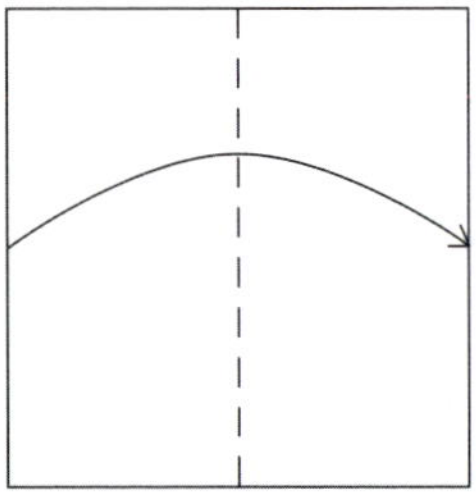

1 てんせんで　おる。

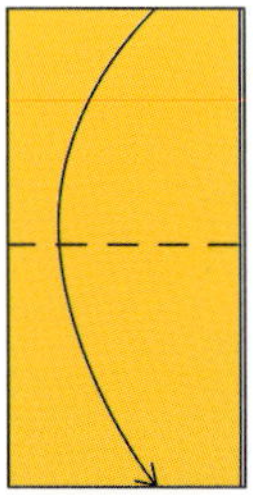

2 はんぶんに　おる。

3 てんせんで　おって、うえに　もちあげる。

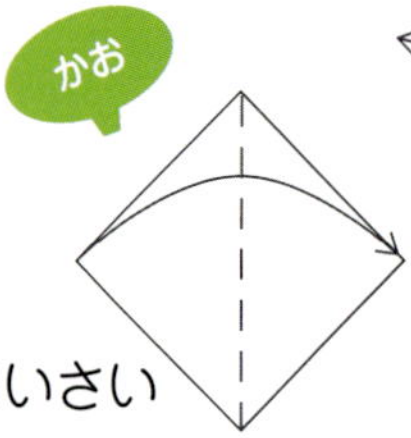

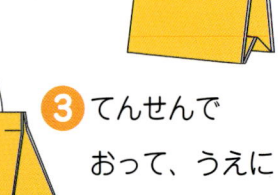

やね

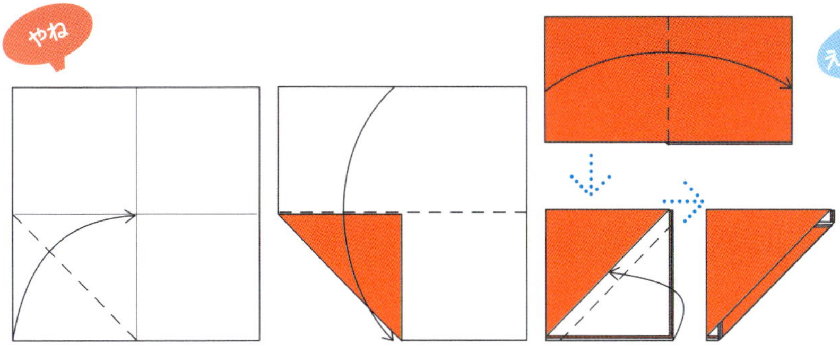

4 てんせんで
おる

5 てんせんで　おり、したの
３まいを　なかに　いれる。

えんとつ

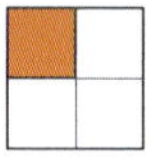

……１まい
（４ぶんの１に
きってね！）

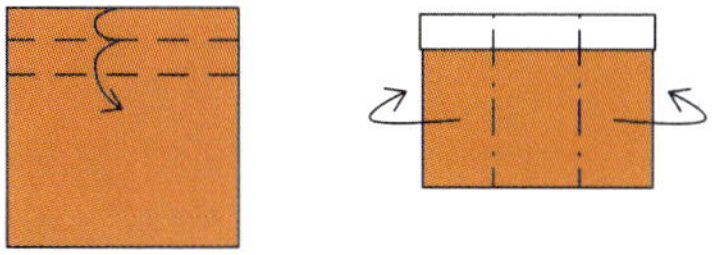

6 てんせんで
おる。

7 ３ぶんの１に
やまおりする。

＼できあがり！／

8 **3**に　**5**を
かぶせ、**7**を
のりづけ　する。

きを　つくる

 と  ……１まいずつ

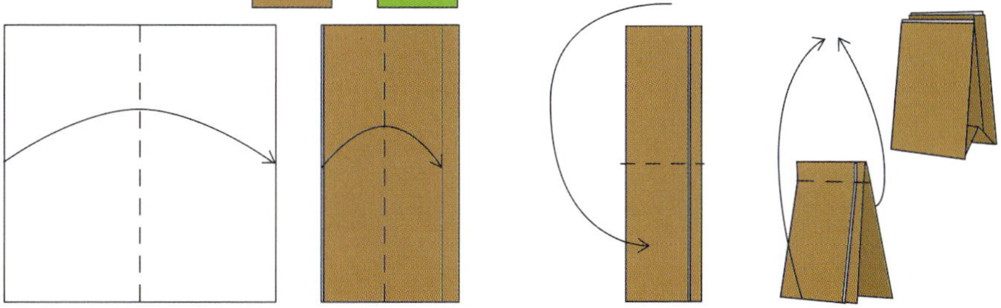

1 てんせんで
おる。

2 てんせんで
おる。

3 てんせんで
おる。

4 てんせんで
おり、うえに
もちあげる。

は

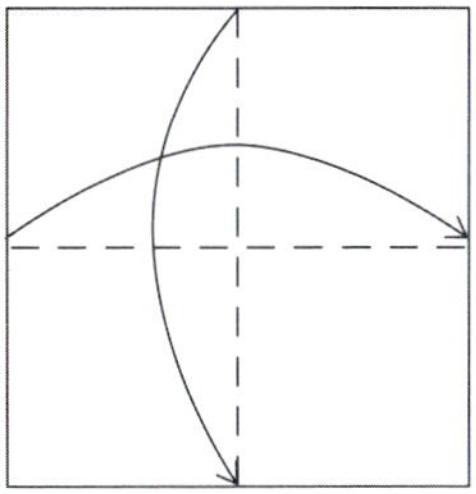

5 ４ぶんの１に
おる。

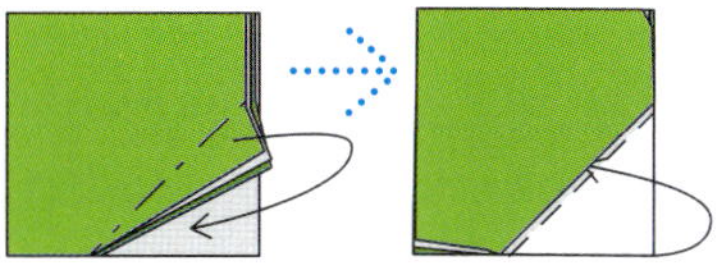

6 てんせんで　３まいを
うちがわに　おる。
のこりの　１まいも
うちがわに　いれる。

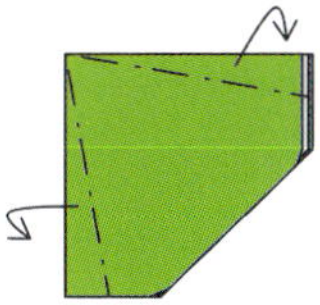

7 てんせんで
おる。

できあがり！

8 **4**に　**7**を
さしこむ。

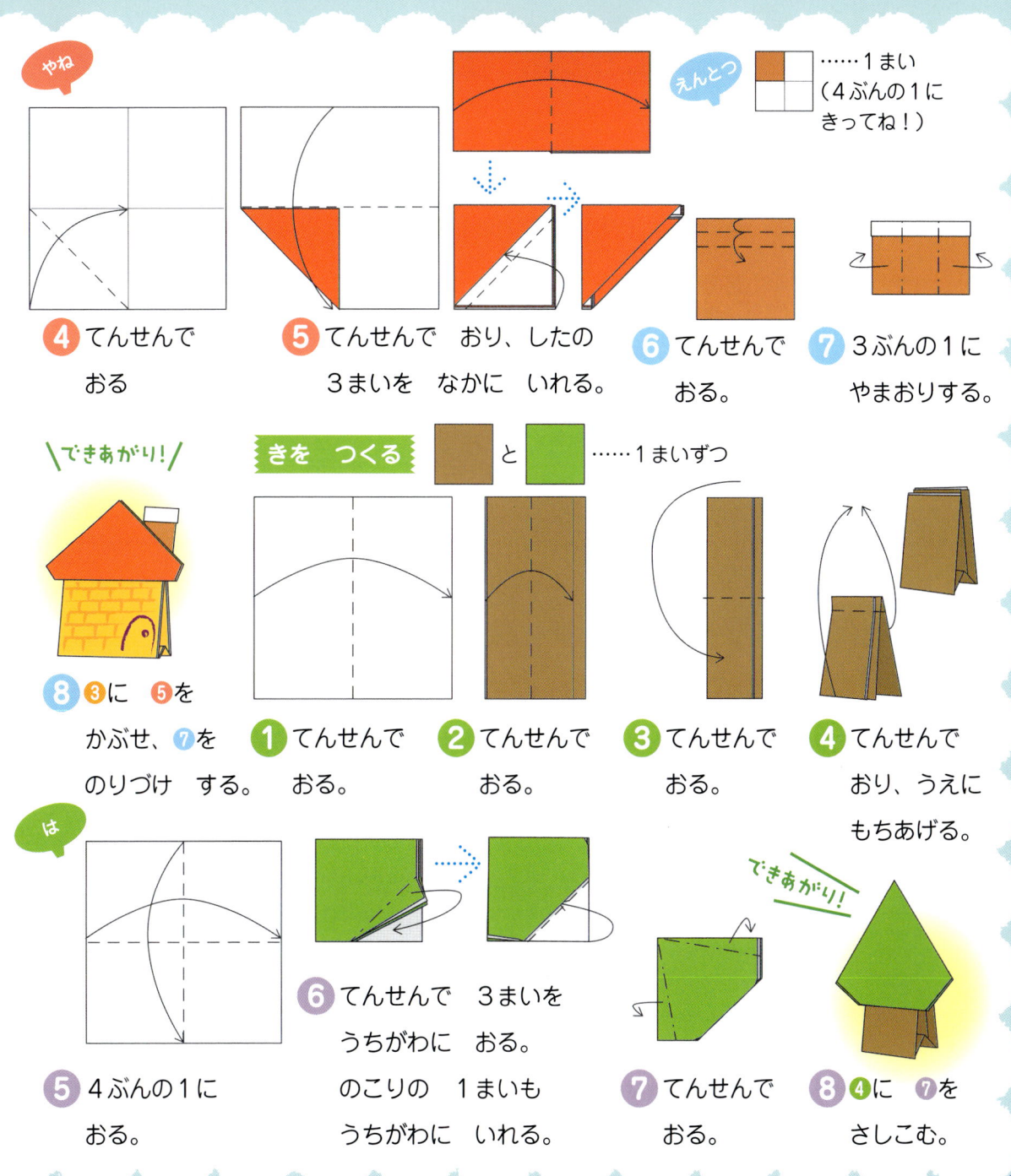

おはなし
あそび

うさぎとかめ

「うさぎと　かめ」は、うさぎと　かめが
きょうそうする　おはなしです。
どっちが　かったか　しってるかな？

うさぎとかえる

これは、みんなで　つくる　おはなし。
2ひきの　かえると　うさぎちゃんが
なにを　する　おはなしが　いいかな？

つくりかた　かえるを　つくる

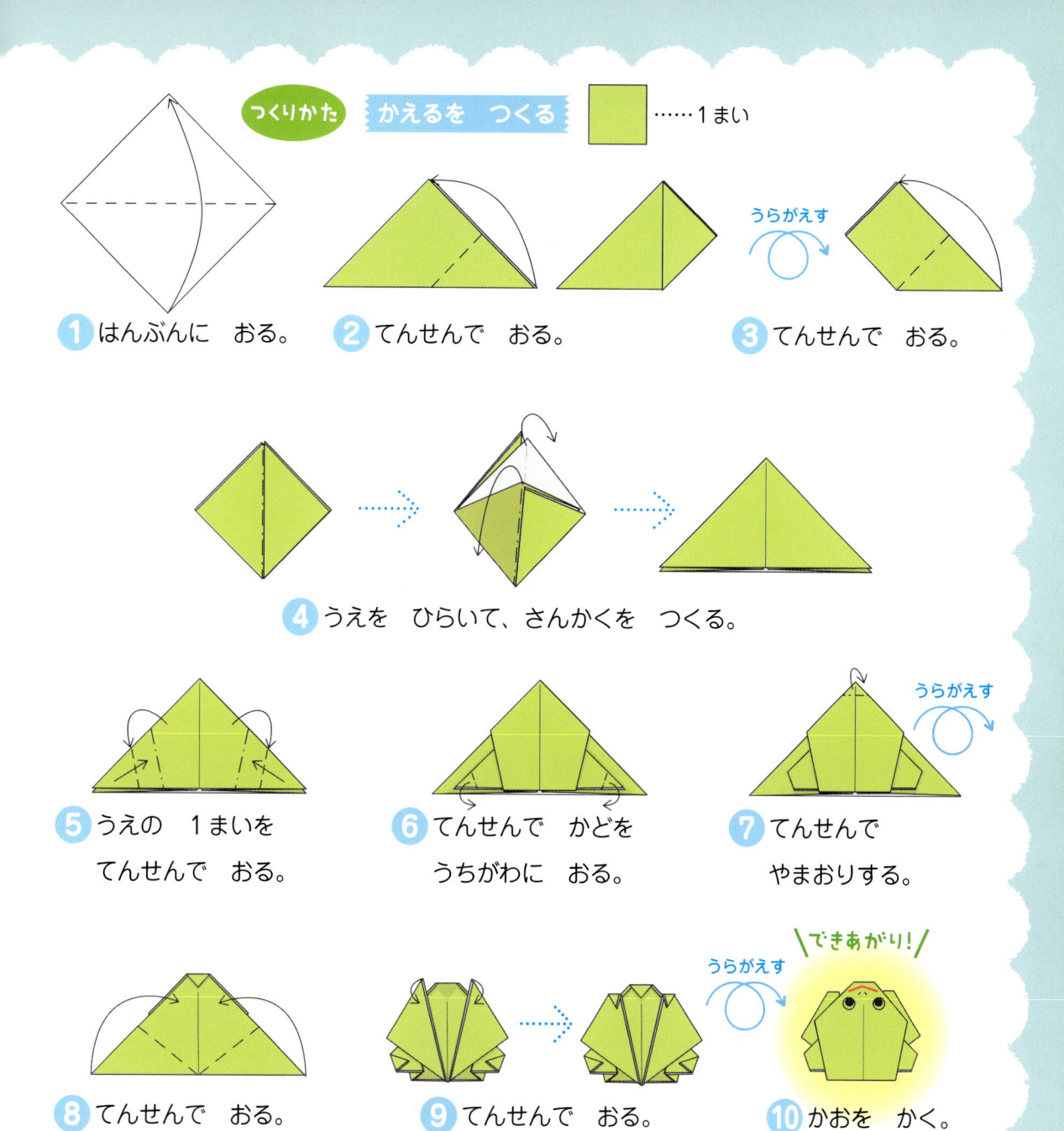

……1まい

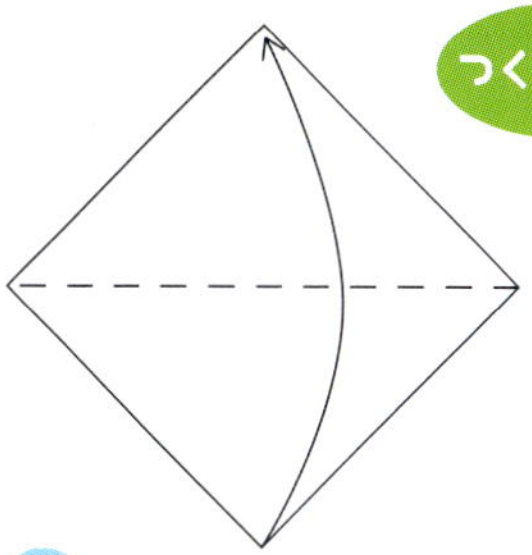

1 はんぶんに　おる。

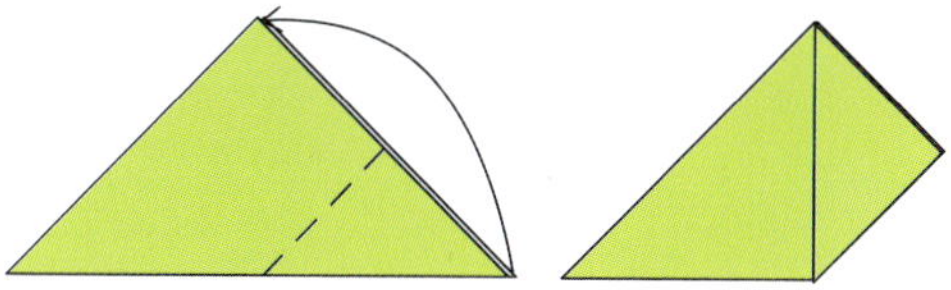

2 てんせんで　おる。

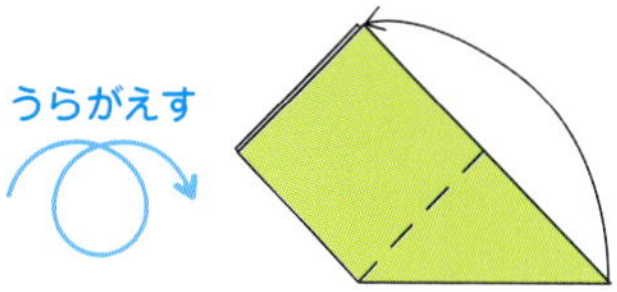

3 てんせんで　おる。

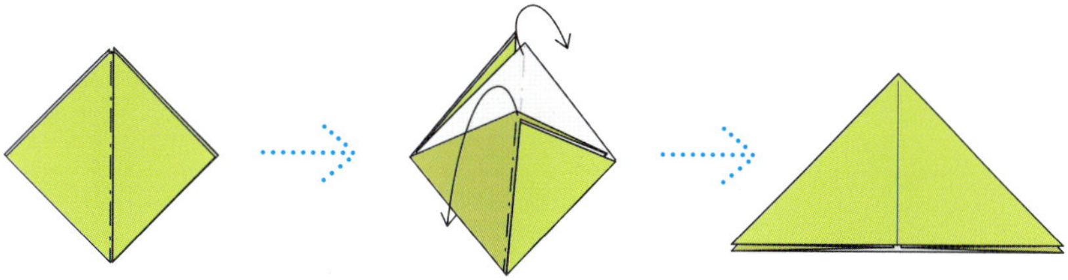

4 うえを　ひらいて、さんかくを　つくる。

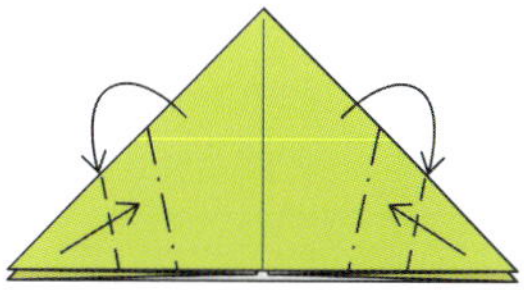

5 うえの　1まいを
てんせんで　おる。

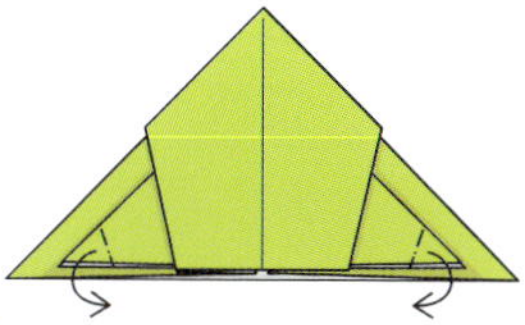

6 てんせんで　かどを
うちがわに　おる。

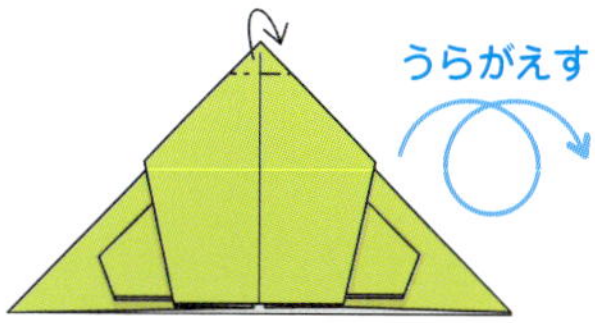

7 てんせんで
やまおりする。

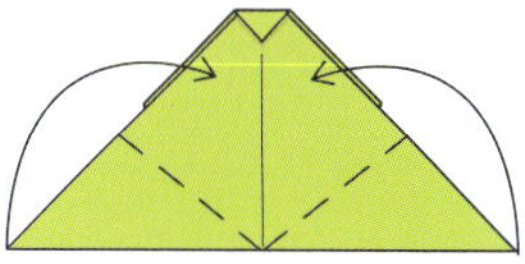

8 てんせんで　おる。

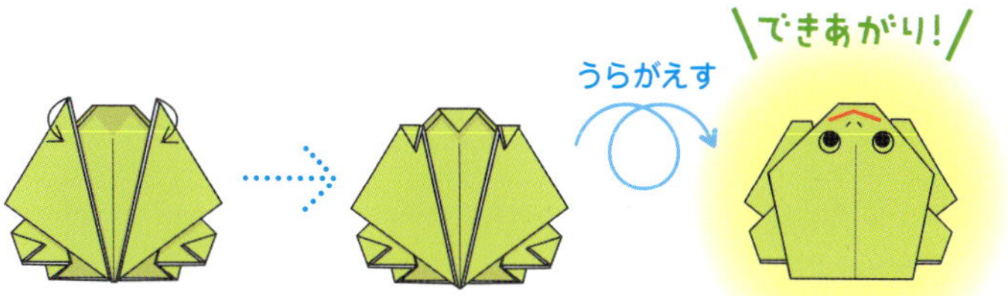

9 てんせんで　おる。

10 かおを　かく。

おはなしあそび

うさぎとかめ

かめを　つくる

と……1まいずつ

こうら

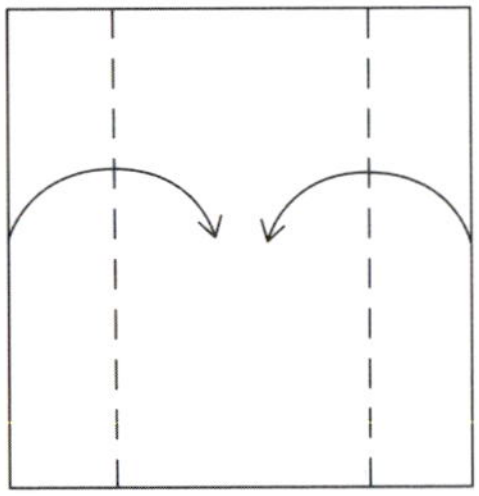

1 てんせんで　おる。

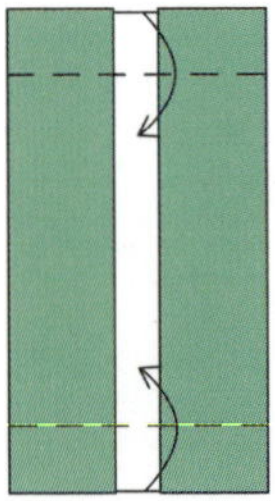

2 てんせんで

おる。

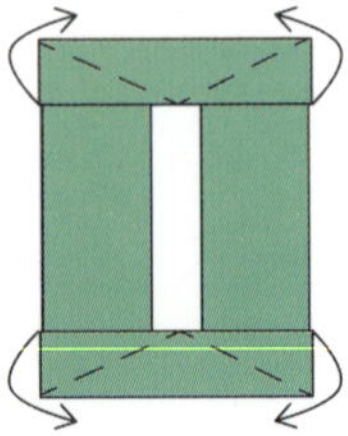

3 かどを

てんせんで　おる。

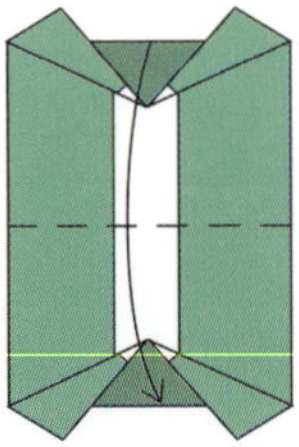

4 てんせんで

はんぶんに　おる。

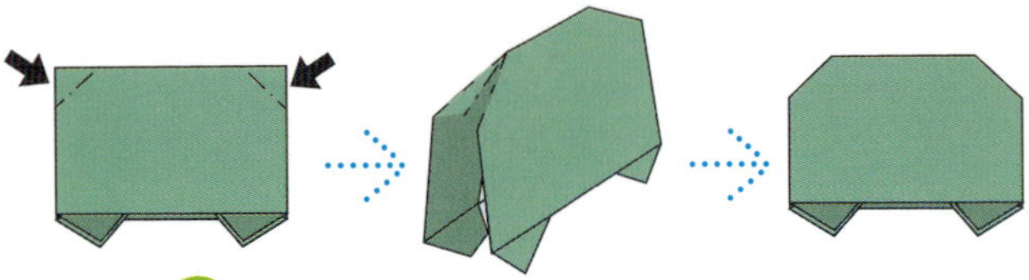

5 かどに　おりせんを　つけて、

うちがわに　おりこむ。

かお

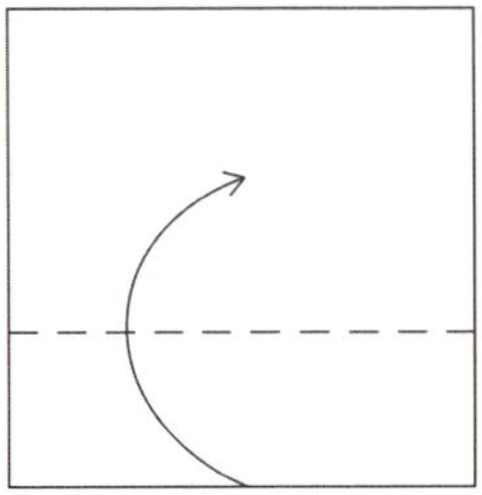

6 てんせんで

おる。

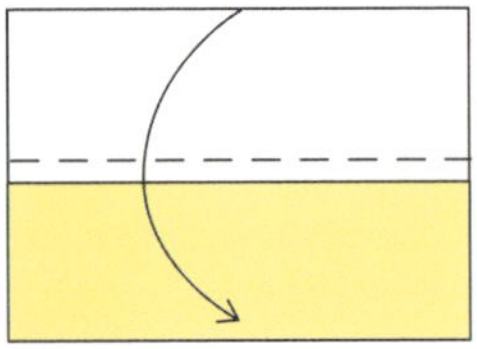

7 てんせんで　おる。

8 てんせんで

かどを　おる。

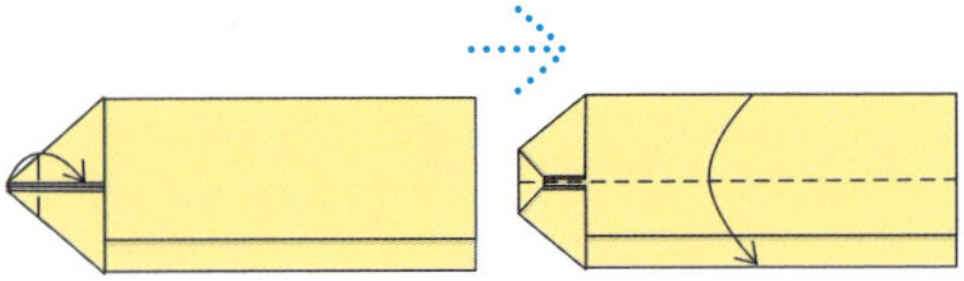

9 さんかくの　かどを　おり、

はんぶんに　おる。

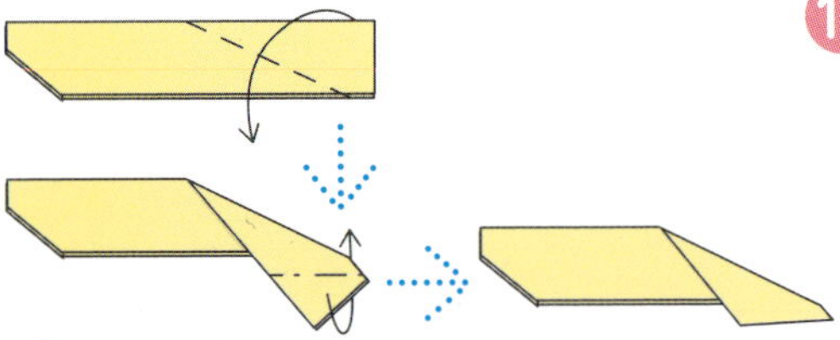

10 てんせんで　おりまげて　いく。

11 5を　ひらいて、

10を　はさみ、

のりづけする。

てんせんで

おる。

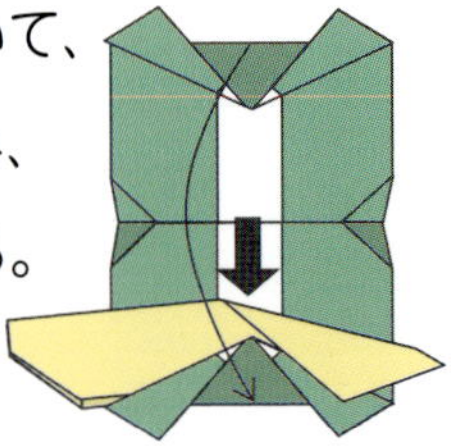

\できあがり!/

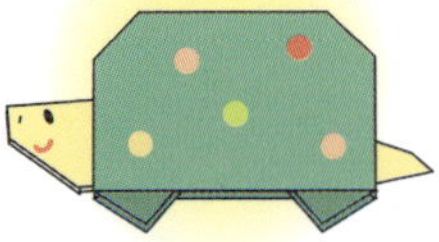

かおと

もようを　かく。

かお

うさぎを　つくる

と　……1まいずつ

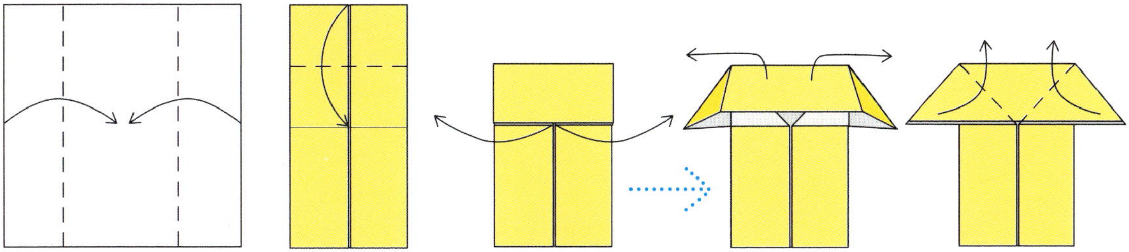

1 てんせんで　おる。

2 てんせんで　おる。

3 おった　ところを　よこに　ひらく。

4 てんせんを　うえに　あげる。

5 てんせんで　おる。

6 てんせんで　おる。

7 かおを　かく。

8 3までは　おなじ。てんせんで　おる。

9 したも　ひらき、てんせんで　おる。

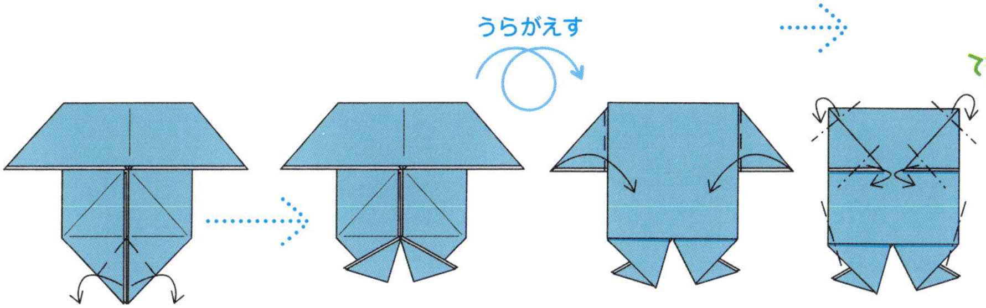

10 てんせんで　おる。

11 てんせんで　おって　いき、7を　のりづけする。

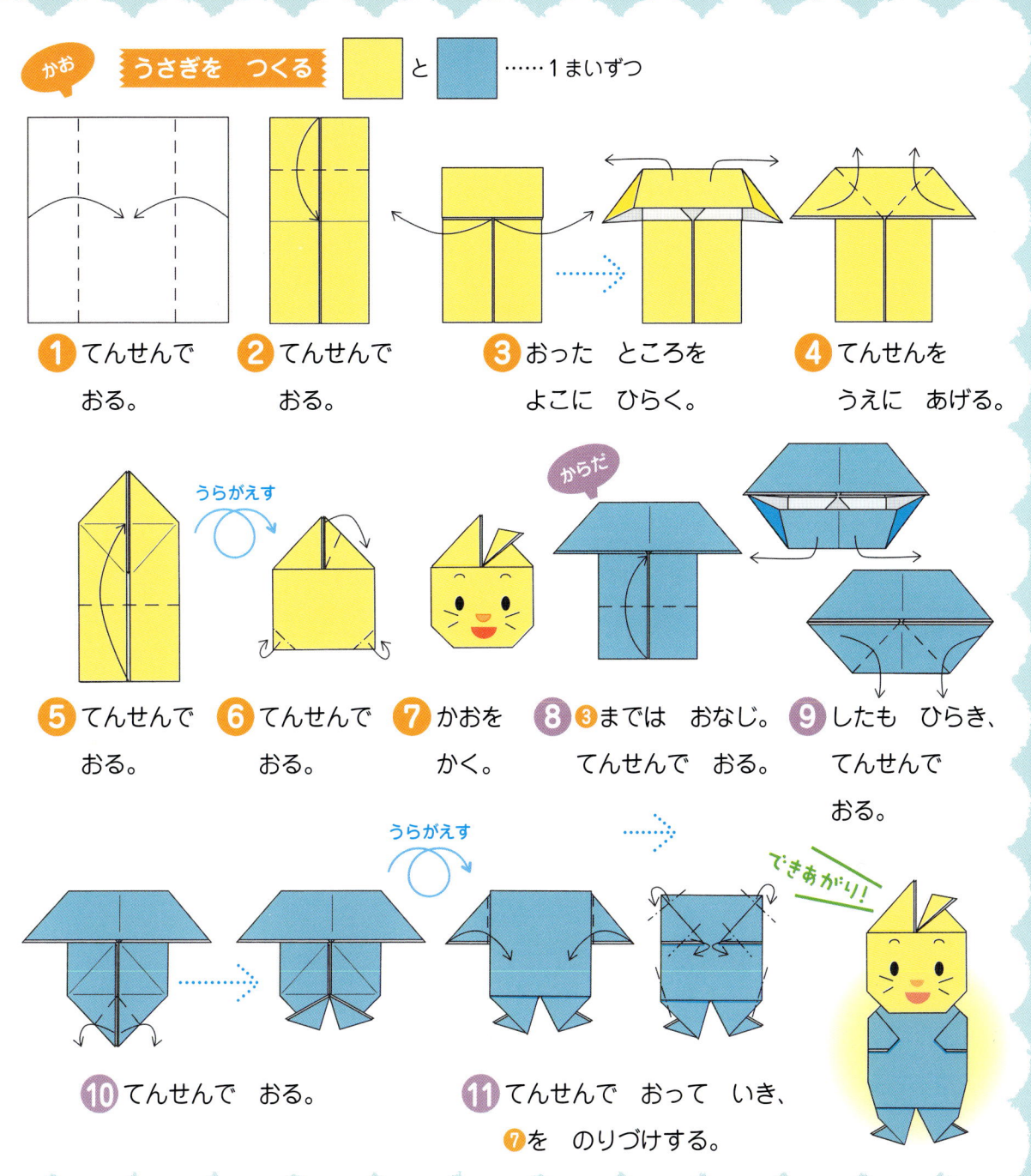

おはなし
あそび

きょうりゅう

「ぼくたちは、
ふたばすずきりゅうと
もうします」
とおい　むかしに
すんで　いた
2ひきの　きょうりゅうが、
あるひ、げんだいに
やって　きました。

さあ……、どんな　おはなしが
はじまるかな？

つくりかた　きょうりゅうを　つくる

……2まい

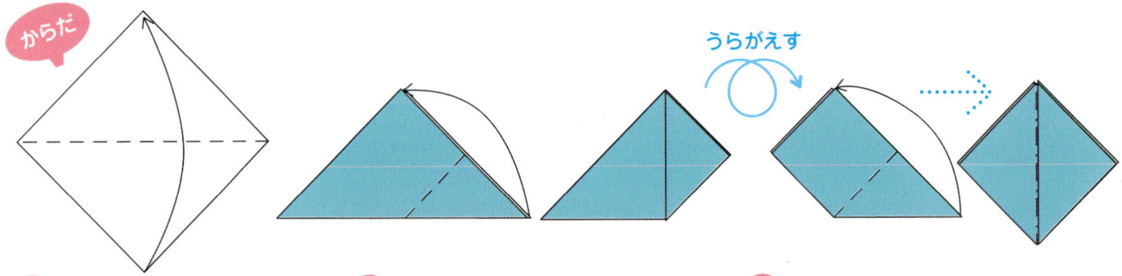

1 てんせんで　おる。

2 てんせんで　おる。

3 てんせんで　おる。

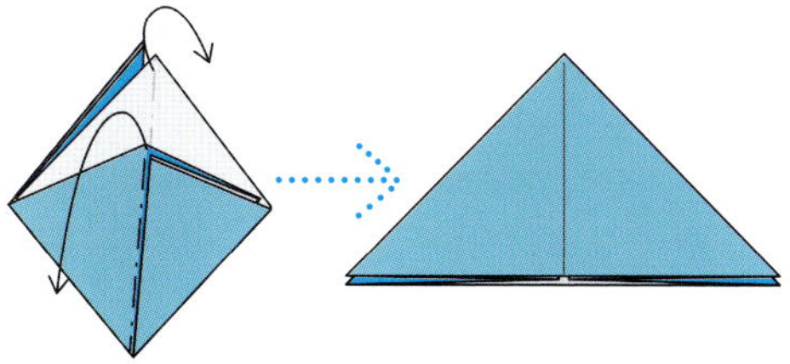

4 うえに　ゆびを　いれて　ひらき、
さんかくを　つくる。

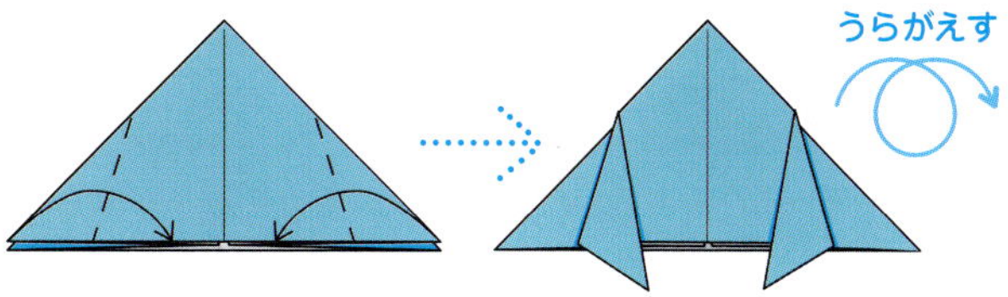

5 てんせんで　おる。

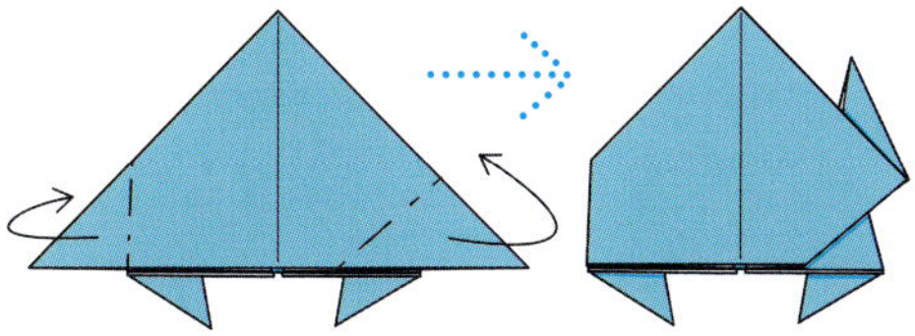

6 てんせんを　やまおりする。

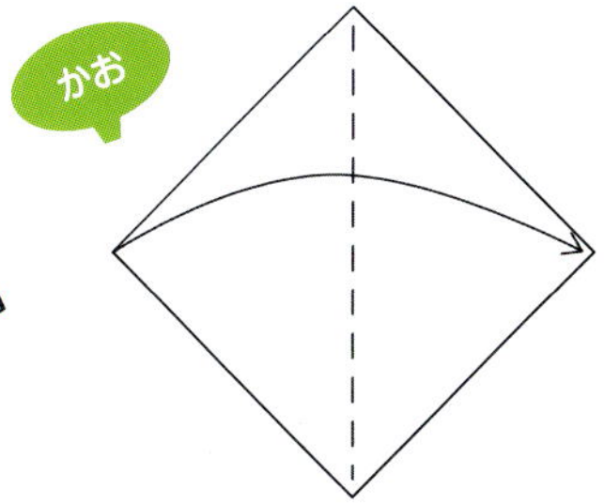

7 てんせんで　おる。

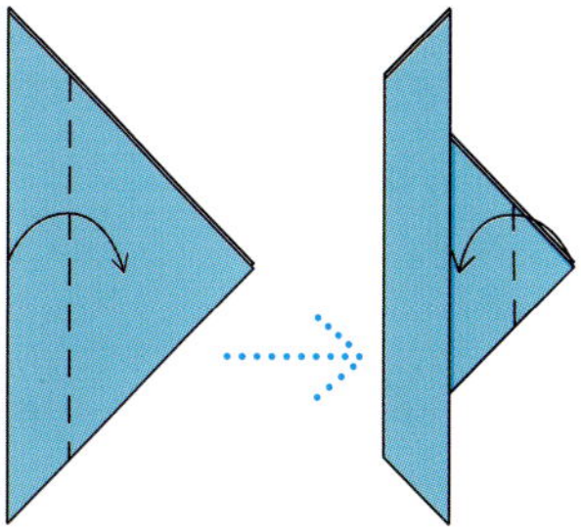

8 てんせんで　おって
いく。

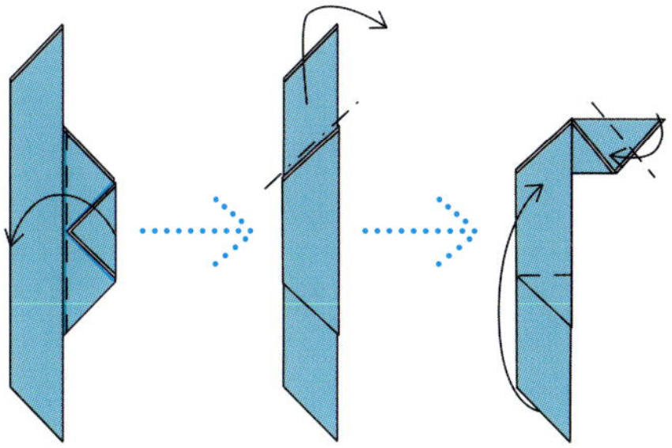

9 てんせんで　おって　いく。

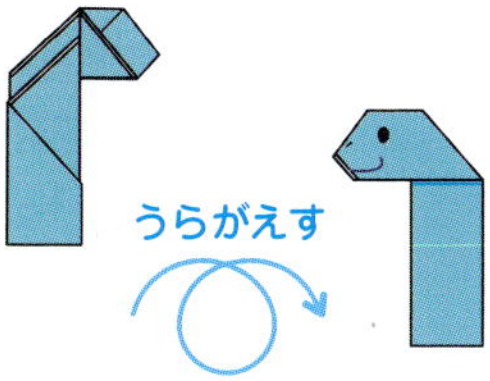

10 おもてに　して、
かおを　かく。

11 6に　10を　のりづけして、かんせい。

おはなしあそび

かいじゅうランド《らんど》

B《びー》

みなみの　うみの
ちいさな　しまに
かいじゅうランドが
ありました。

とさかかいじゅう

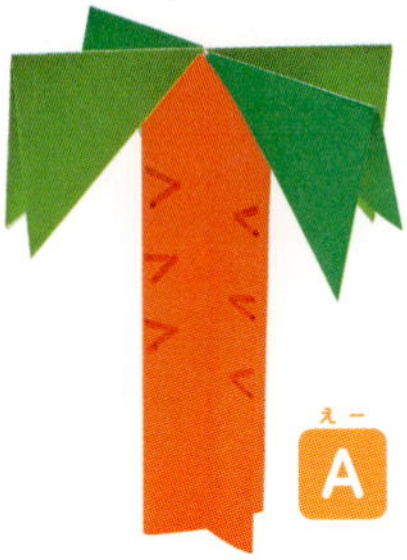

A《えー》

かいじゅうたちは、
まいにち　あつまって、
しまを　みどりで
いっぱいに　しようと
はなしました。

つのかいじゅう

つくりかた　つのかいじゅうを　つくる

……1まい

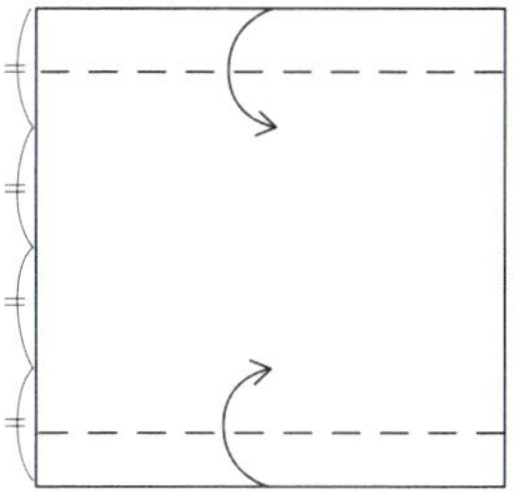

1 てんせんで
4ぶんの1の
せんまで　おる。

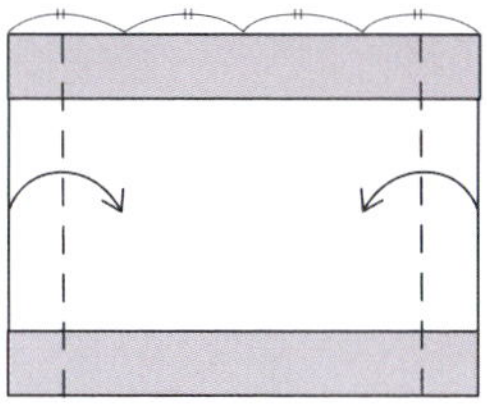

2 てんせんで
4ぶんの1の
せんまで　おる。

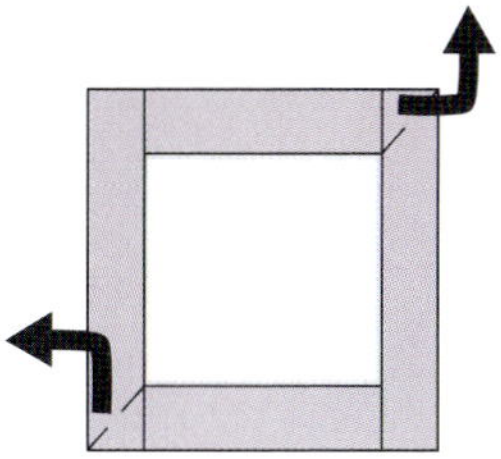

3 かどを　2かしょ
ひきだす。

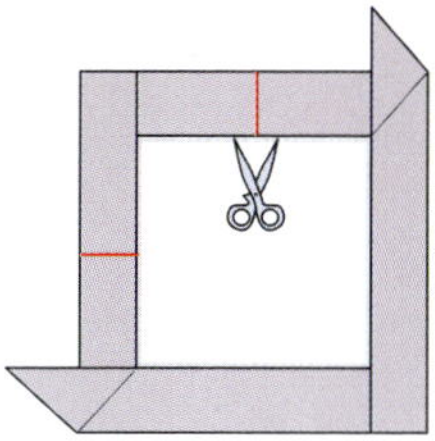

4 きりとりせんで
きる。

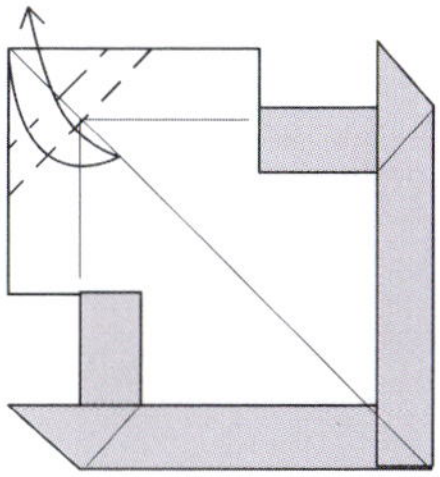

5 きった　ところを　ひろげ、
てんせんで　おる。

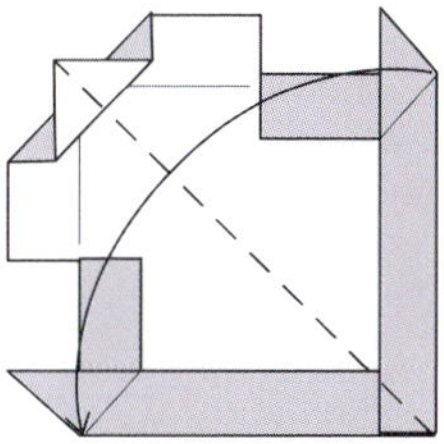

6 てんせんで　おる。

7 かおや　てを　かく。

とさかかいじゅう（からだ）を　つくる

……1まい

1 3までは
つのかいじゅうと
おなじ。

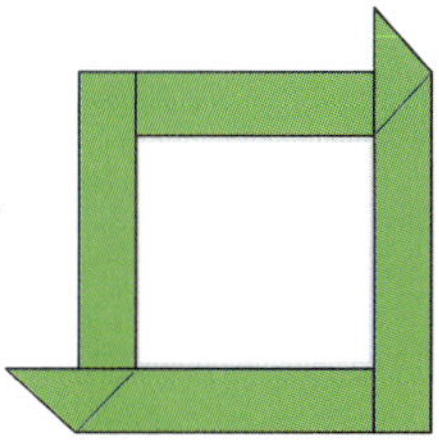

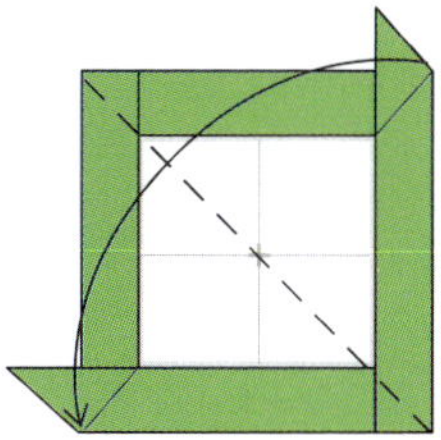

2 てんせんで
はんぶんに　おる。

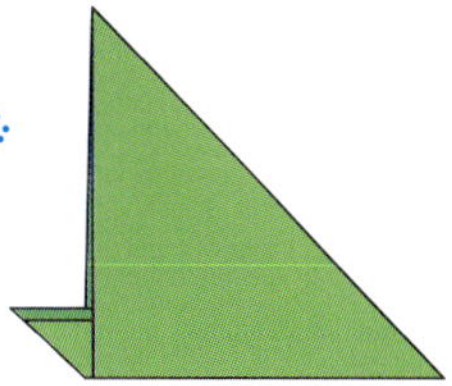

からだの　できあがり。
あたまは　つぎの
ページ《ぺーじ》で。

おはなし
あそび

かいじゅうランド《らんど》

とさかかいじゅう（あたま）を　つくる

……1まい

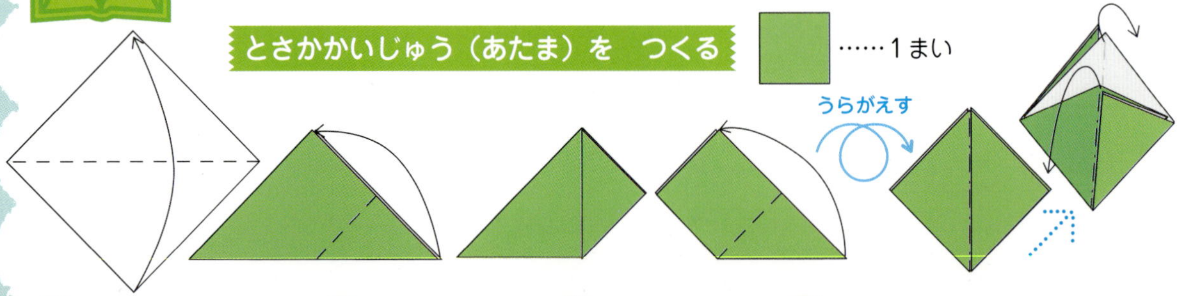

1 てんせんで　おる。
2 てんせんで　おる。
3 てんせんで　おる。
4 うえを　ひらいて、さんかくを　つくる。

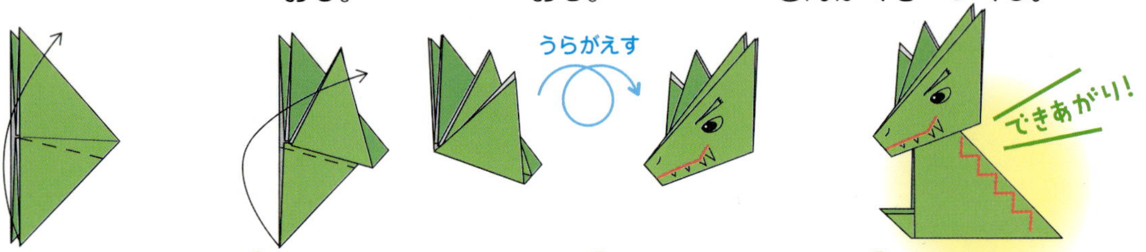

5 うえの　1まいを　てんせんで　おる。
6 のこった　1まいを、かくどを　かえて　てんせんで　おる。
7 めや　くちを　かく。
8 からだに　はって、かんせい。

みきを　つくる

……1まい

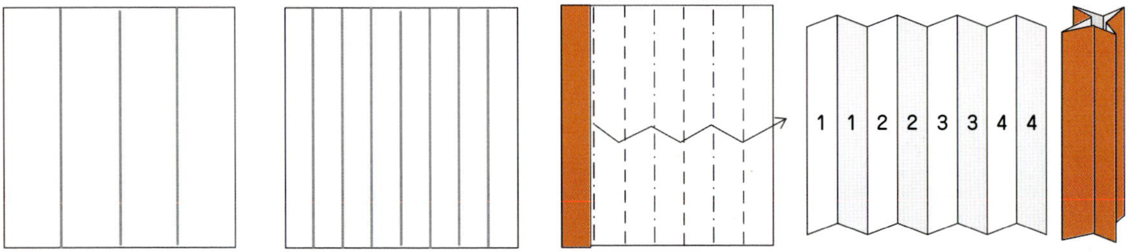

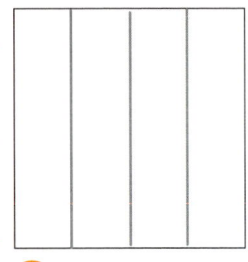

1 たてに　おりせんを　つける。
2 こまかく　おりせんを　つける。
3 やまおり　たにおりを　じゅんばんに　おり、おなじ　すうじの　ところを　のりづけする。

は（A《えー》）を　つくる

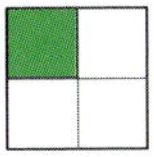
……4まい（4ぶんの1に　きってね！）

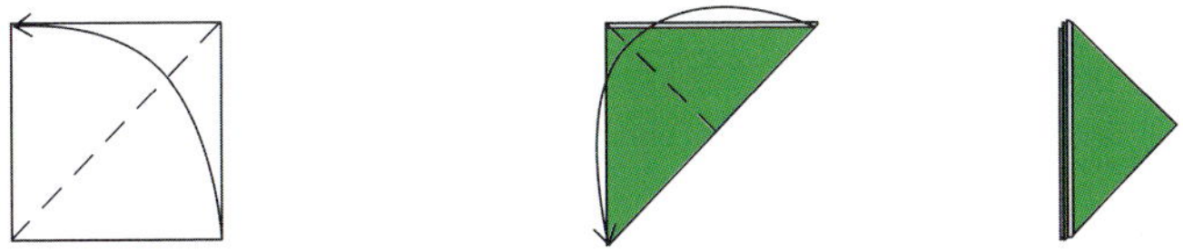

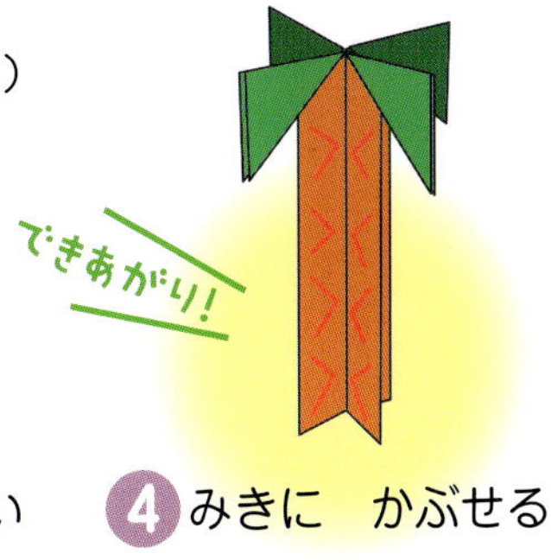

1 はんぶんに　おる。

2 さらに
はんぶんに
おる。

3 これを　4まい
つくる。

4 みきに　かぶせる
ように　はり、
もようを　つける。

は（B《びー》）を　つくる

……1まい

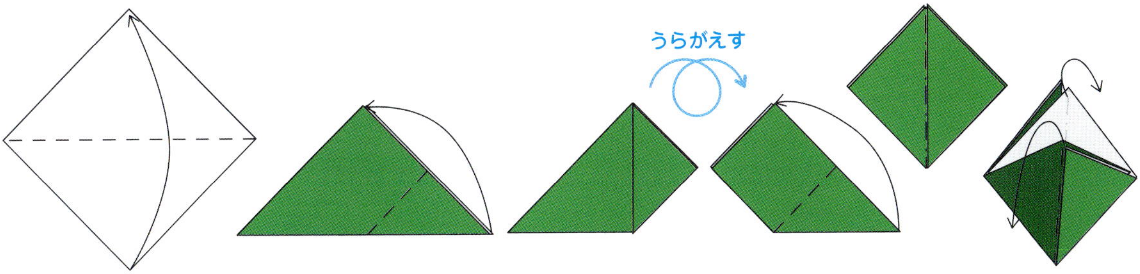

1 てんせんで
おる。

2 てんせんで
おる。

3 てんせんで
おる。

4 うえを　ひらいて、
さんかくを　つくる。

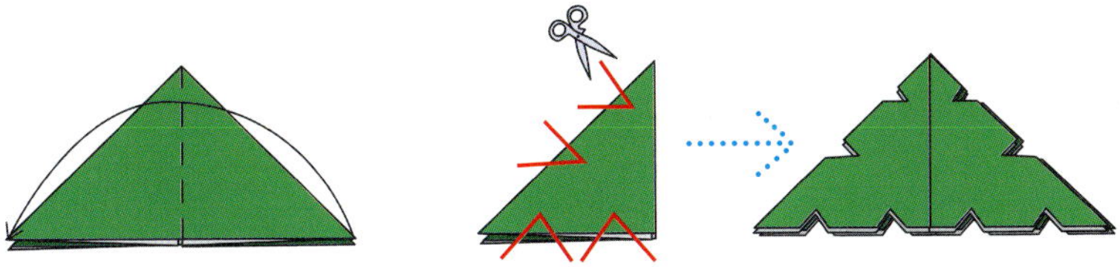

5 てんせんで　おる。

6 きりとりせんの　ところを
きりとり、ひらく。

7 みきに　かぶせる。

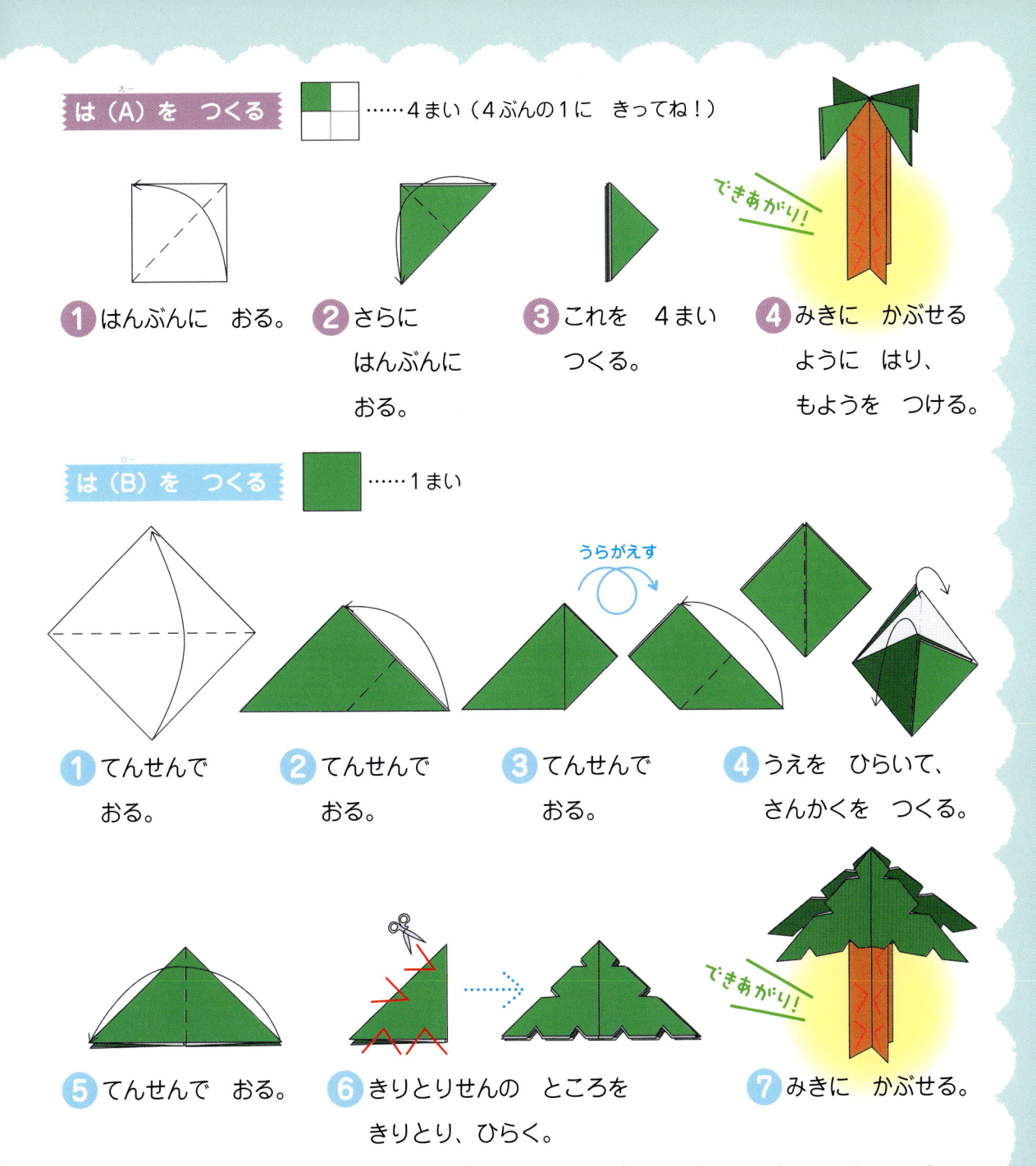

もってたら
かっこいい

ロ《ろ》ボ《ぼ》ッ《つ》ト《と》

おしゃれロボット《ろぼっと》、
ワン《わん》、ツー《つー》。ワン《わん》、ツー《つー》。

つくりかた　ボディ《ぼでぃ》を　つくる

 ……1まい  ……1まい（はんぶんに　きってね！）

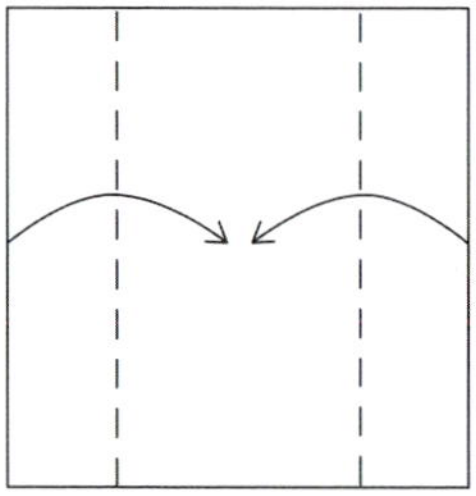

① まんなかに　すきまが　あく
ように　てんせんで　おる。

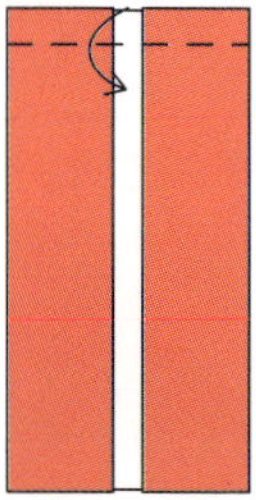

② てんせんで
おる。

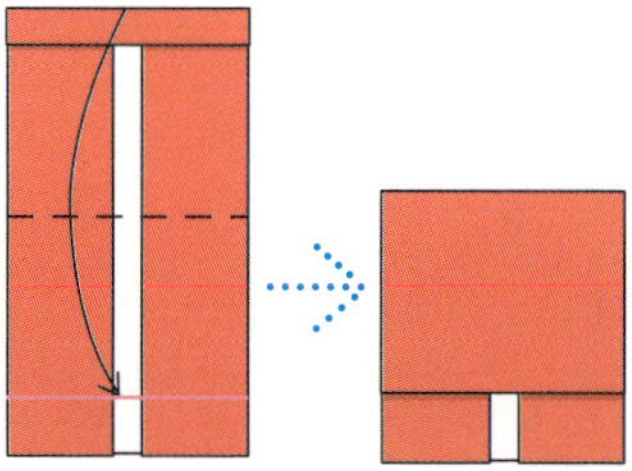

③ てんせんで　おる。

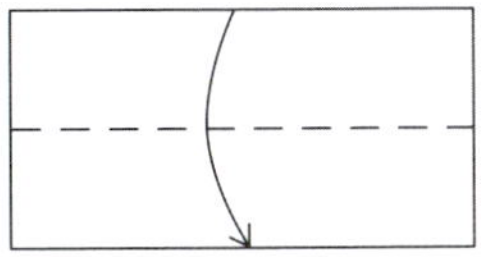

4 もう　1まいを
てんせんで　おる。

5 てんせんで　おる。

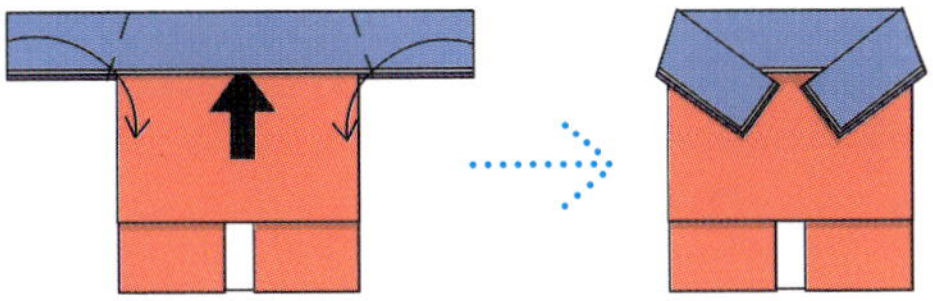

6 5に　3を　はさんで　はって、
てんせんで　おる。

あたまを　つくる

……1まい

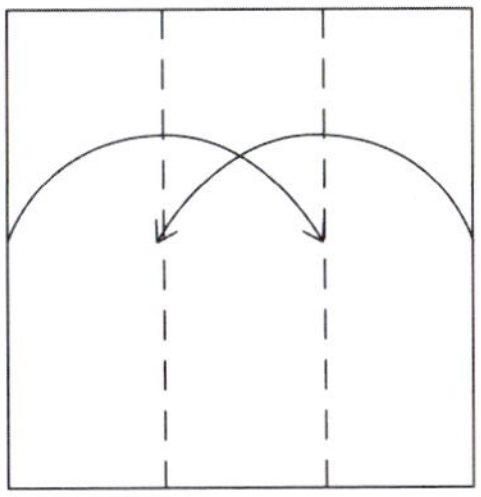

1 てんせんで
3ぶんの1に　おる。

2 うえを　すこし　おり、
3ぶんの1に　おる。
もういっぽうを　なかに　いれる。

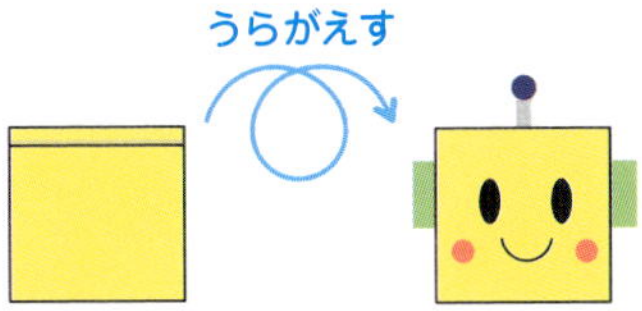

3 かおを　つくる。

4 6に　3を
はる。

もってたら
かっこいい

ケ《け》ー《ー》タ《た》イ《い》&《あんど》ス《す》マ《ま》ホ《ほ》

つくりかた

けいたいでんわを　つくる

……1まい

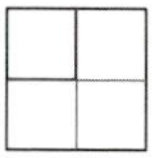……1まい
（4ぶんの1に　きってね！）

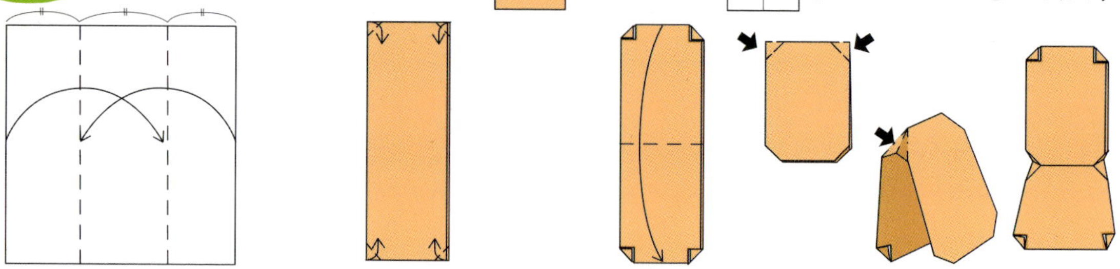

1 てんせんで
3ぶんの1に　おる。

2 かどを　おる。

3 はんぶんに
おる。

4 てんせんで　おって、
うちがわに　おりこむ。

がめん

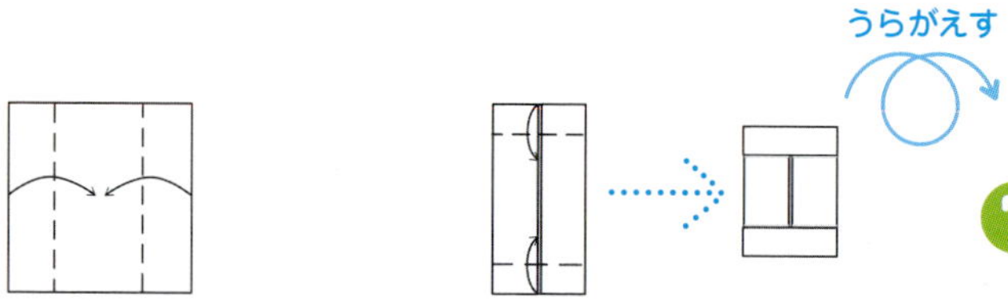

5 てんせんで　おる。

6 てんせんで　おる。

7 6を　4に　はり、
ボタン《ぼたん》などを
つける。

＼できあがり！／

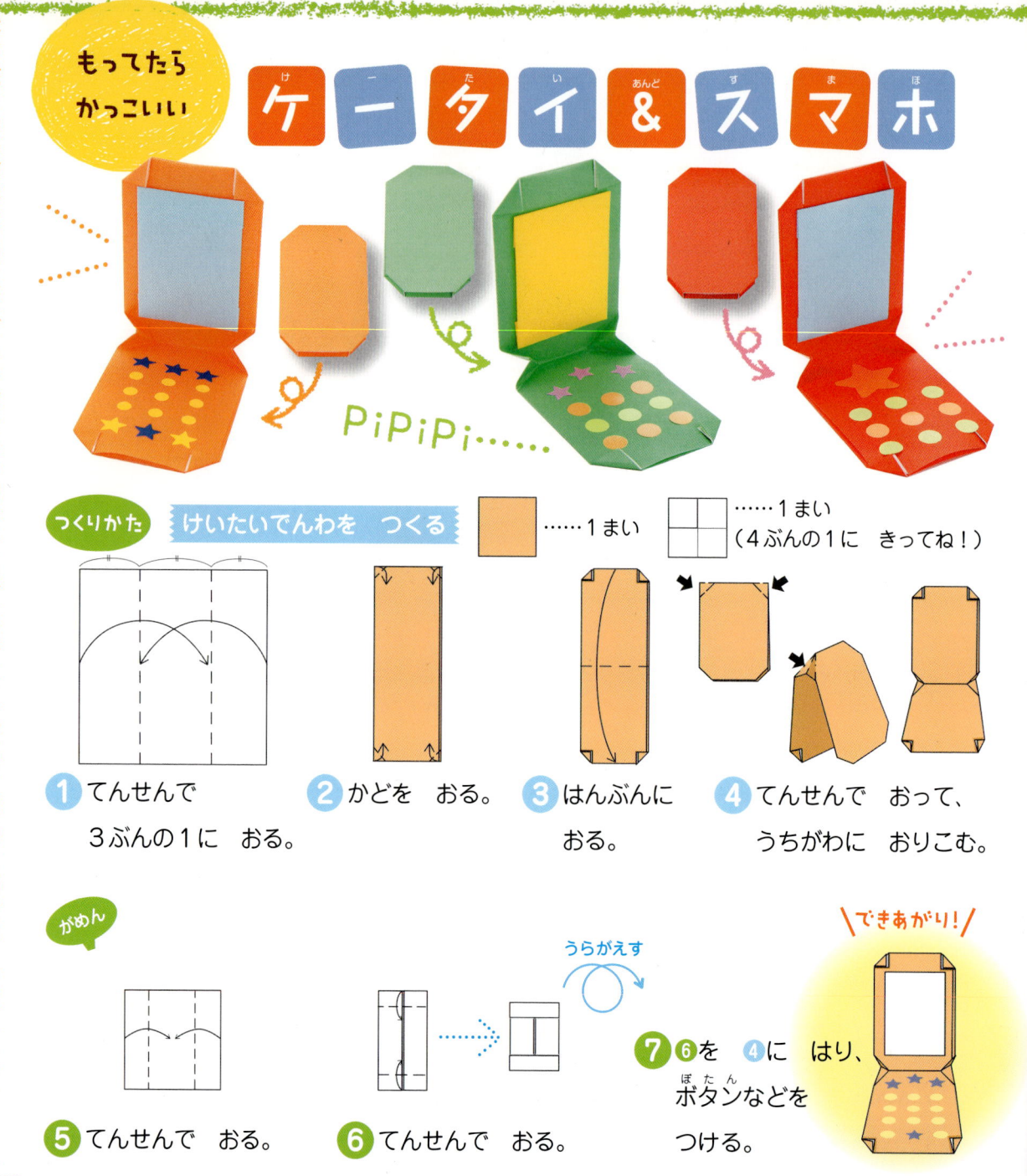

かっこいいね！
なにいろが
おにあいかな？

スマートフォン《すまーとふぉん》を　つくる

 と  ……1まいずつ

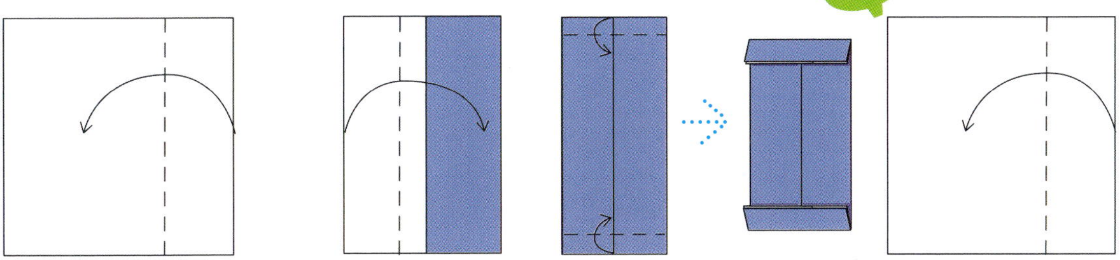

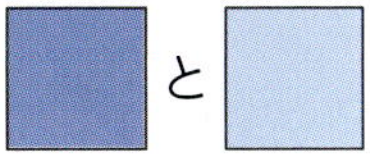

1 てんせんで　おる。

2 てんせんで　おる。

3 うえと　したを　てんせんで　おる。

4 てんせんで　おる。

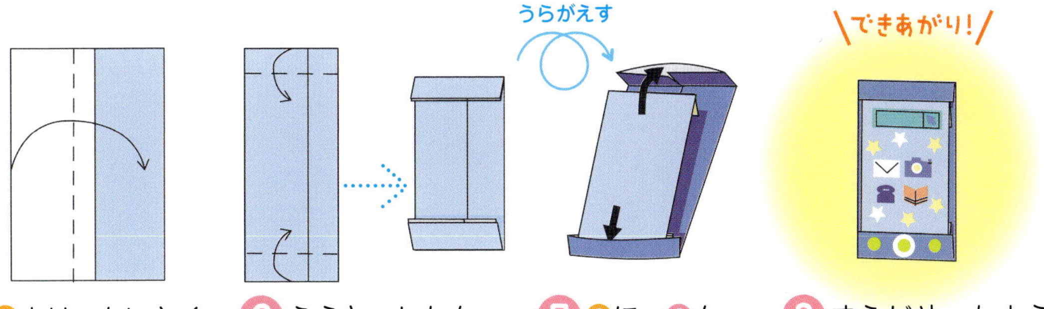

5 ③より、ちいさく　なるように　てんせんで　おる。

6 うえと　したを　てんせんで　おる。

7 ③に　⑥を　はめる。

8 すうじや　もよう、ボタン《ぼたん》を　つける。

もってたら
かっこいい

ロ《ろ》ケ《け》ッ《つ》ト《と》&《あんど》おうかんメ《め》ダ《だ》ル《る》

かっこいいね！ ごほうびメダル、いっぱい　ほしいね！

つくりかた　ロ《ろ》ケ《け》ッ《っ》ト《と》メ《め》ダ《だ》ル《る》を　つくる

……1まい

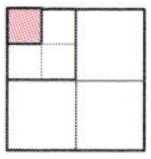
……1まい
（16ぶんの1に　きってね！）

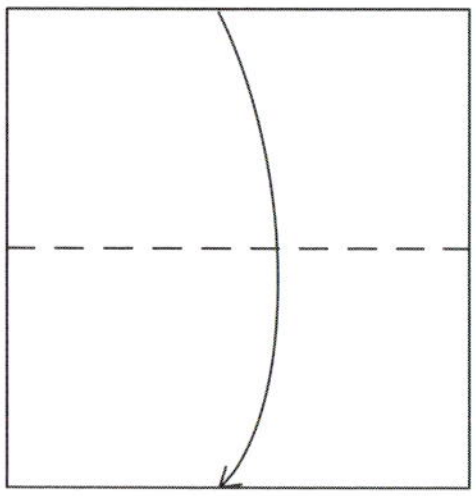

1 てんせんで
おる。

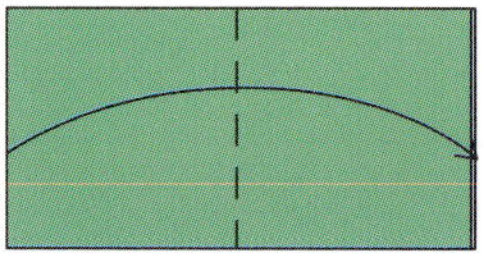

2 てんせんで
おる。

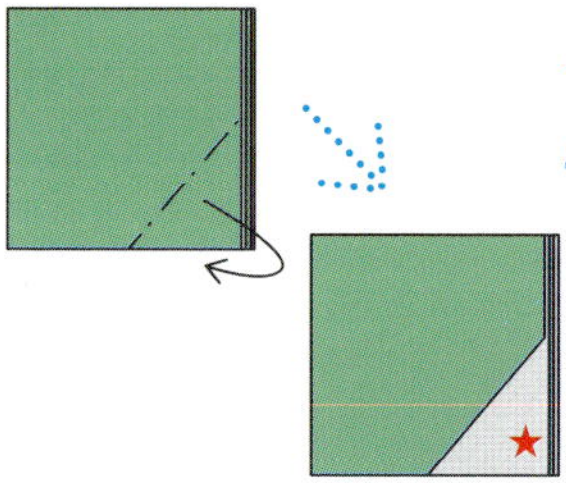

3 いちばん　うえの
1まいだけ、てんせんで
やまおりする。

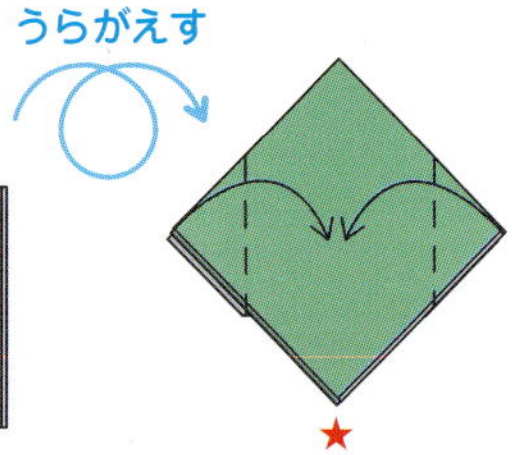

4 てんせんで
おる。

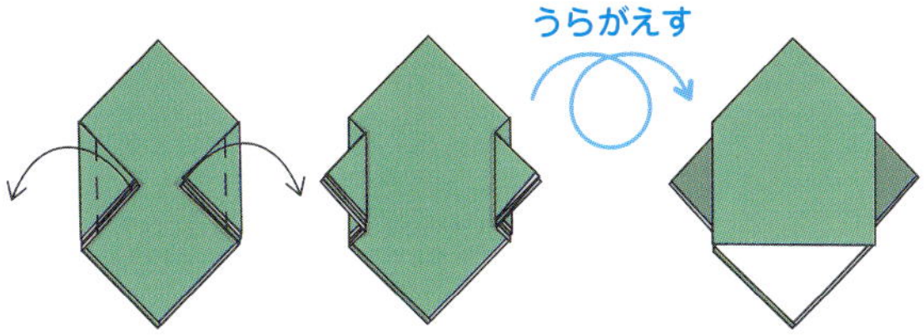

5 てんせんで　おる。

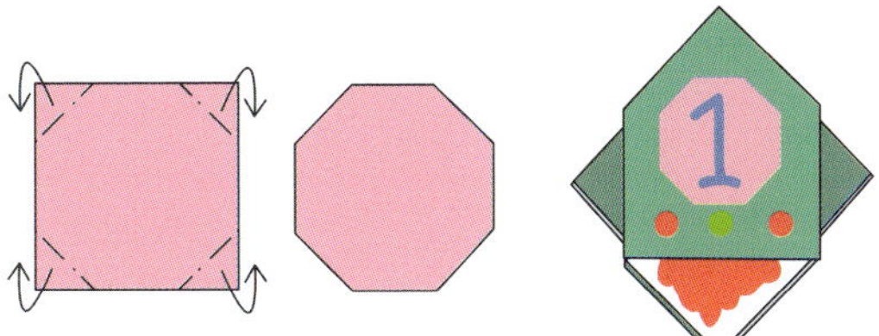

6 かどを　てんせんで　おり、ロケット《ろけっと》に
はる。ほのおや　もようを　かく。

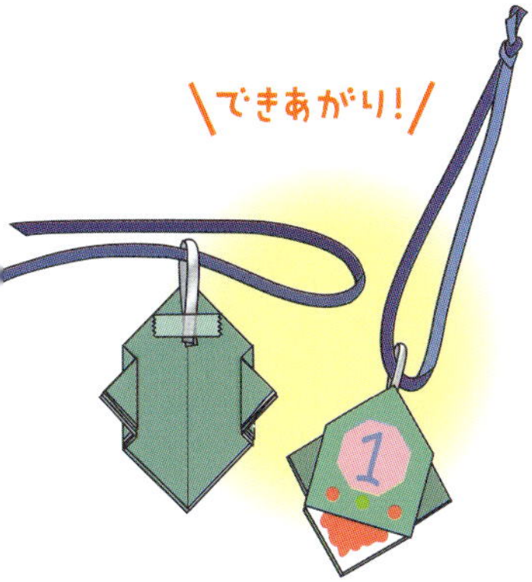

7 モール《もーる》を
テープ《てーぷ》で　はり、
リボン《りぼん》を　つける。

おうかんメダル《めだる》を　つくる

……1まい

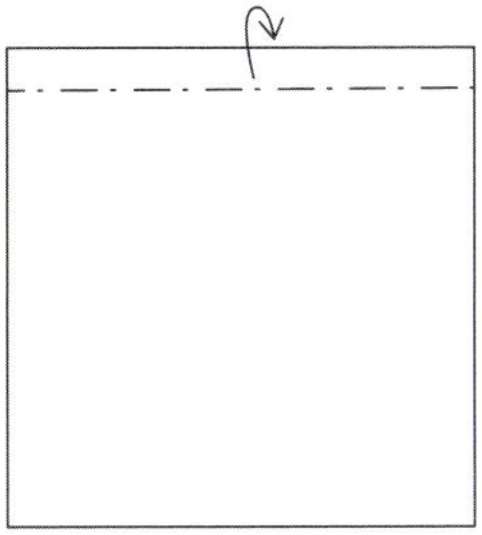

1 てんせんで
やまおりする。

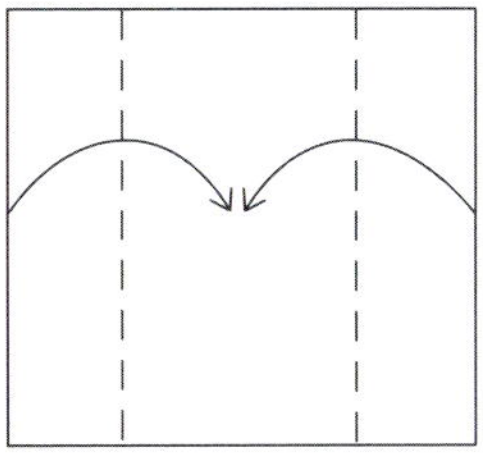

2 てんせんで
おる。

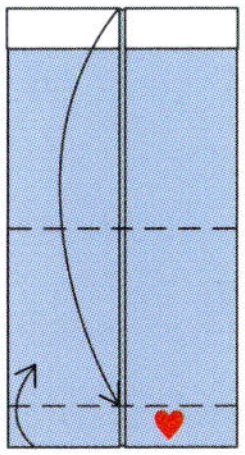

3 てんせんで
おる。

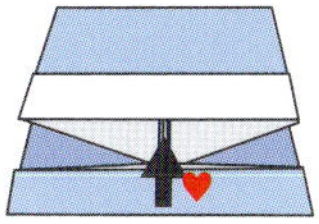

4 ♥を　なかに
さしこむ。

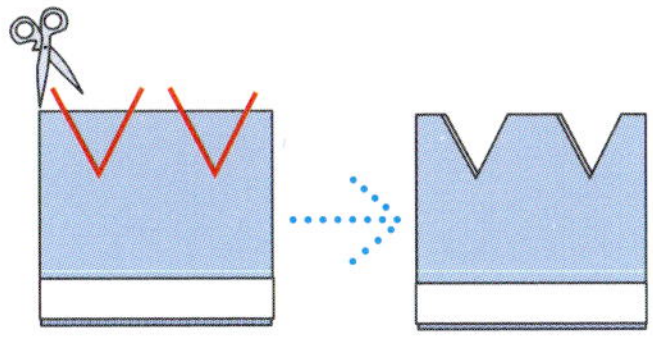

5 きりとりせんで
きる。

6 かざりを
つける。

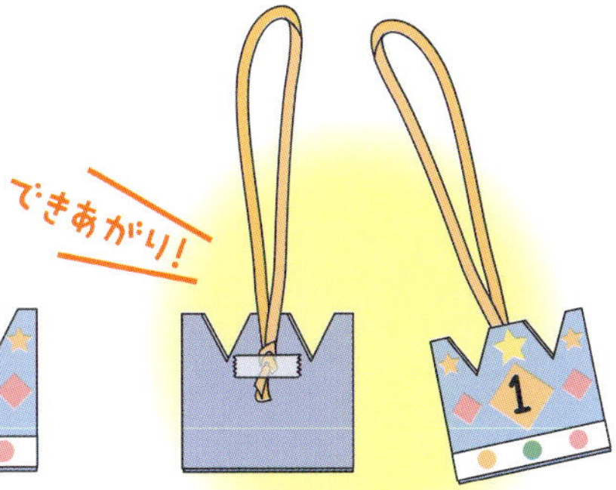

7 リボン《りぼん》を、テープ《てーぷ》で
うらに　はる。

もってたら
かっこいい

なかよしメ《め》ダ《だ》ル《る》

おたんじょうびには、てづくりの　こころの
こもった　おくりものを　したいね。

つくりかた　**かおを　つくる**

……1まい

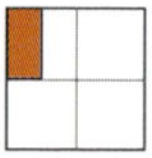
……1まい
（8ぶんの1に　きってね！）

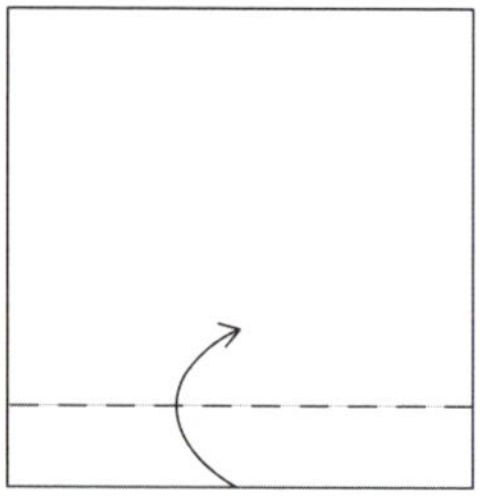

① てんせんで　おる。

うらがえす

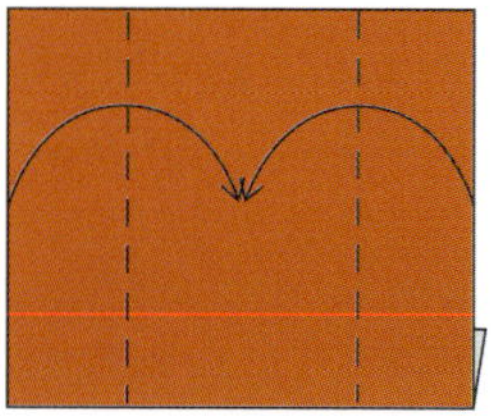

② てんせんで　おる。

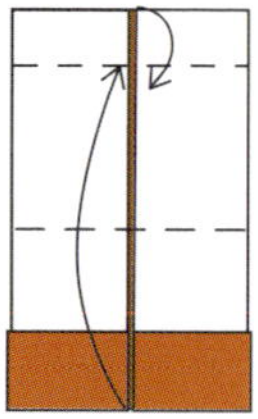

③ てんせんで
おる。

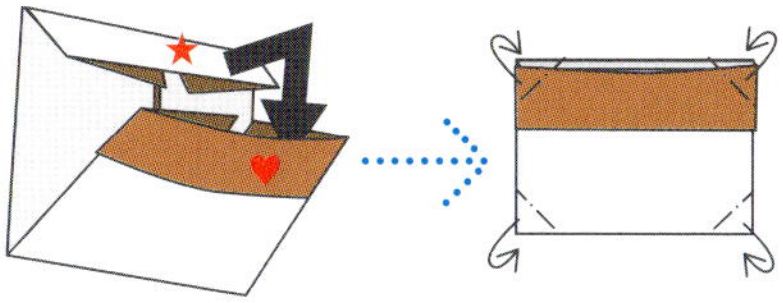

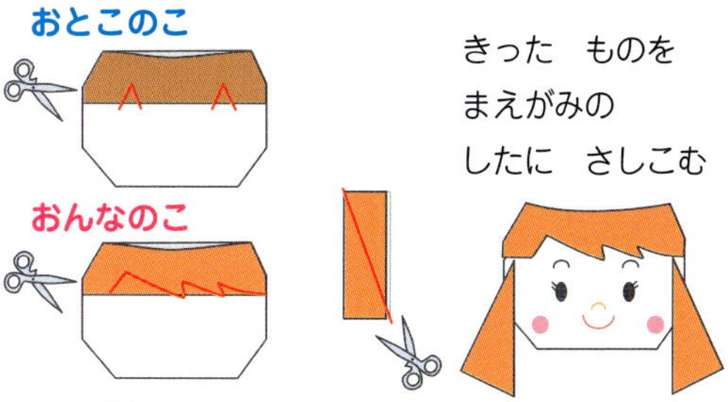
おとこのこ
おんなのこ
きった ものを
まえがみの
したに さしこむ

④★を ♥の なかに さしこみ、
かどを てんせんで おる。

⑤きりとりせんで かみの
ところを きる。

⑥かおを
かく。

おうかんを つくる

……1まい

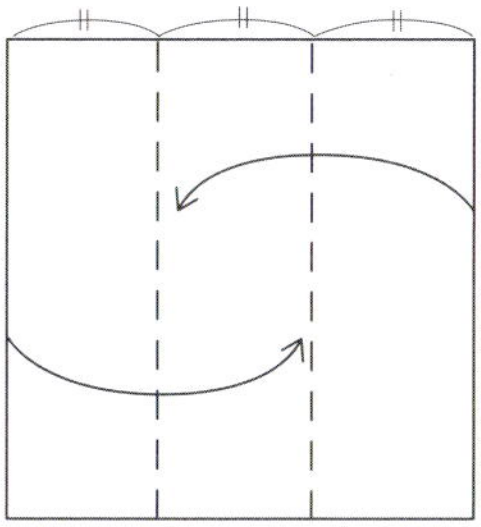

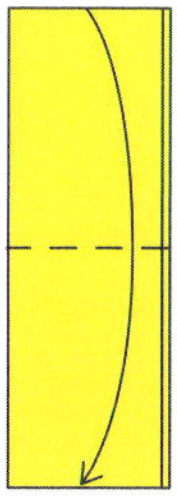

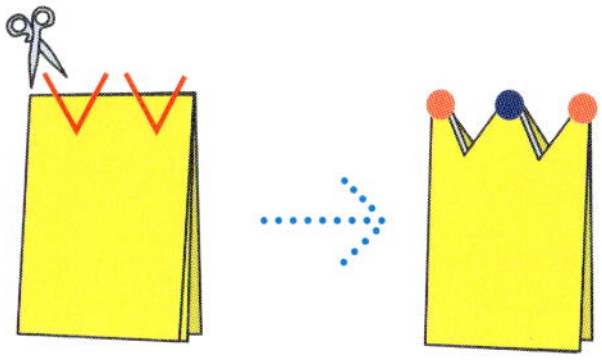

①てんせんで
おる。

②てんせんで
おる。

③きりとりせんで きり、
かざりを つける。

④⑥に ③を
さしこむ。

ようふくを つくる

……1まい

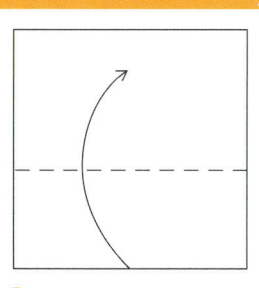

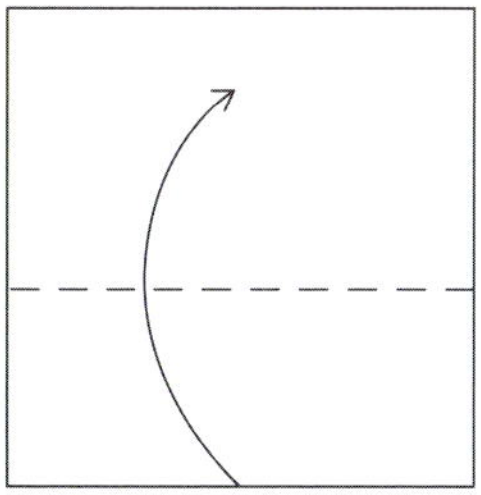

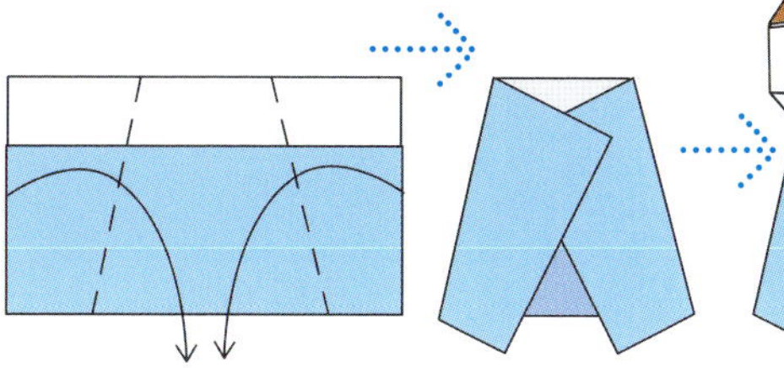

できあがり!
うらがえす
おたんじょうび
おめでとう

①てんせんで おる。

②てんせんで おり、かさなった
ところを のりづけし、④を はる。

③モール《もーる》と リボン《りぼん》を
つける。

おいしい
もの
だいすき

すし

「へい、いらっしゃい！
なに、にぎりましょ？」
すきな　ものは　どれ？

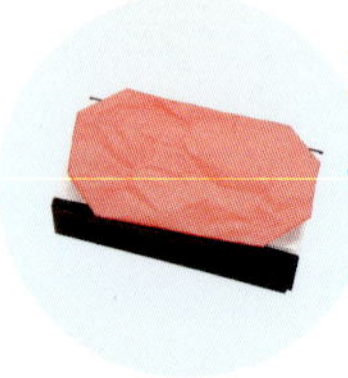

つくりかた 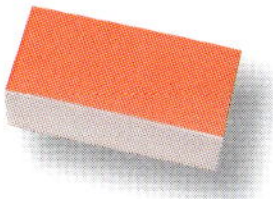 まぐろの　にぎりを　つくる  ……1まい

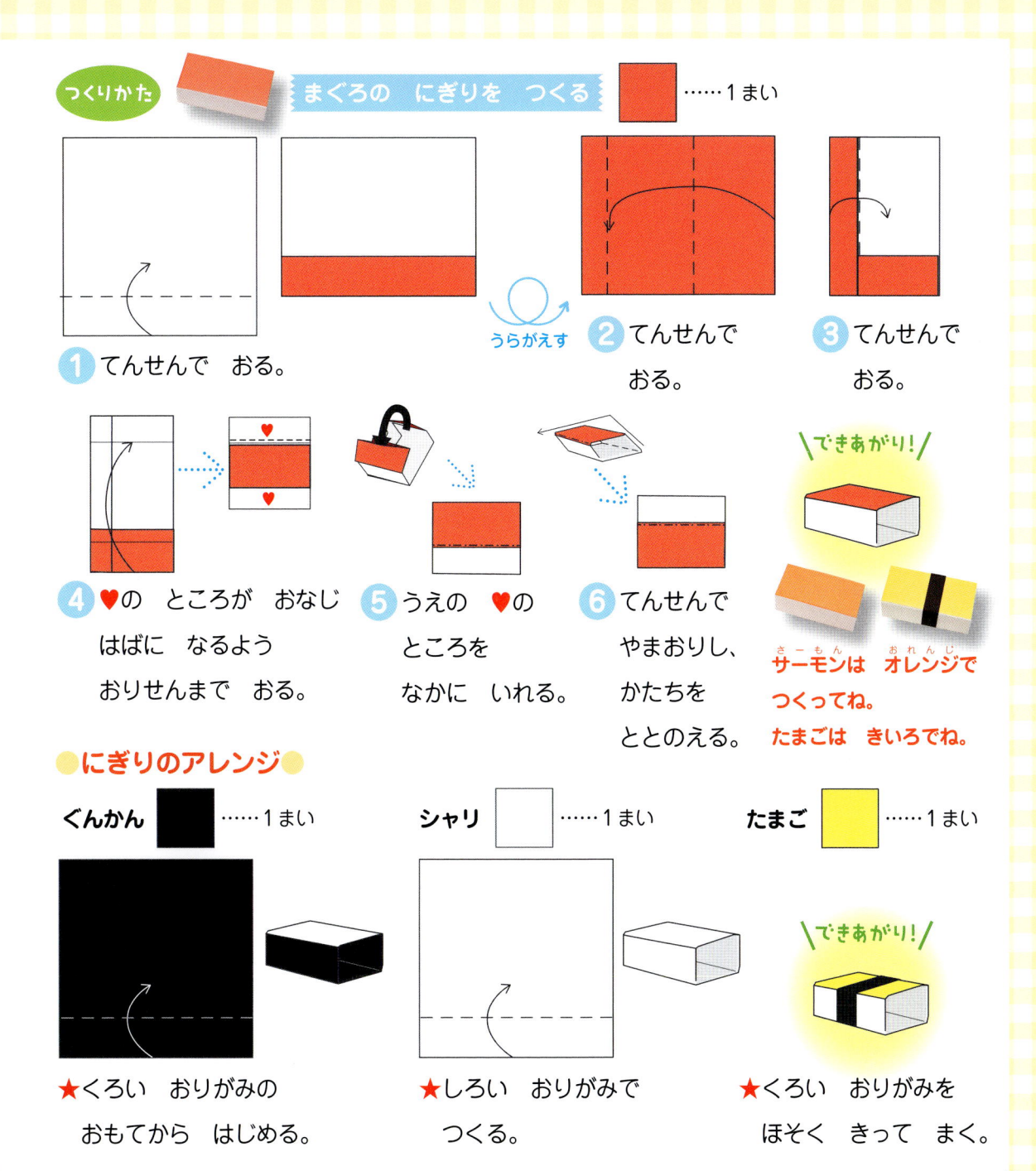

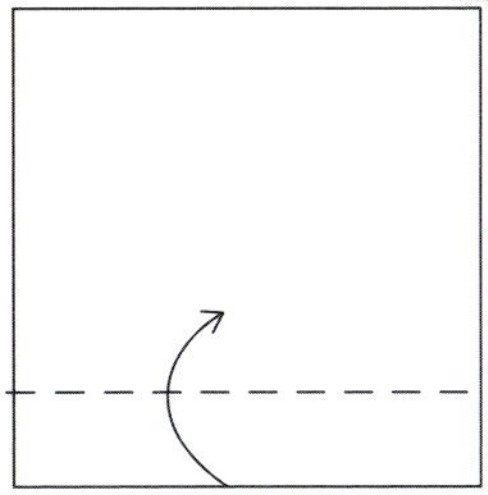

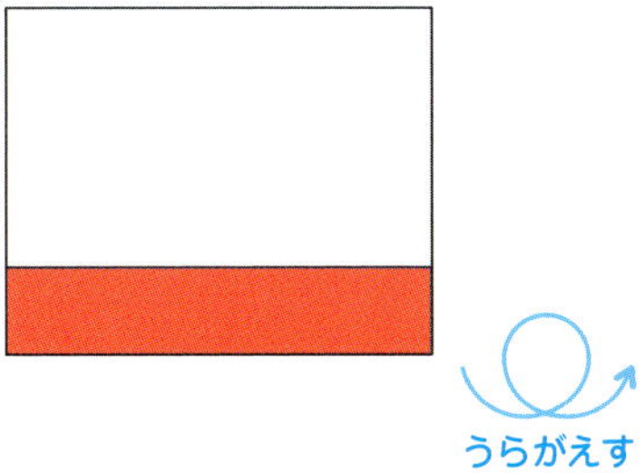

1 てんせんで　おる。

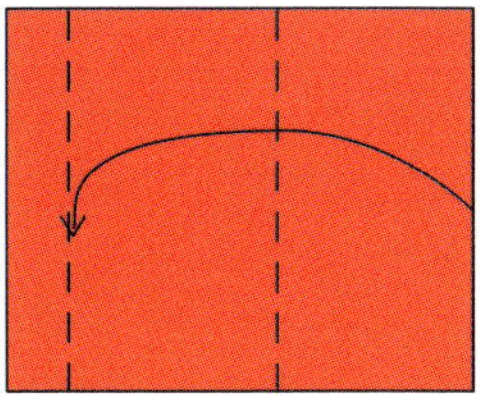

2 てんせんで
おる。

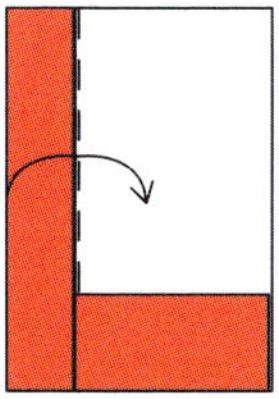

3 てんせんで
おる。

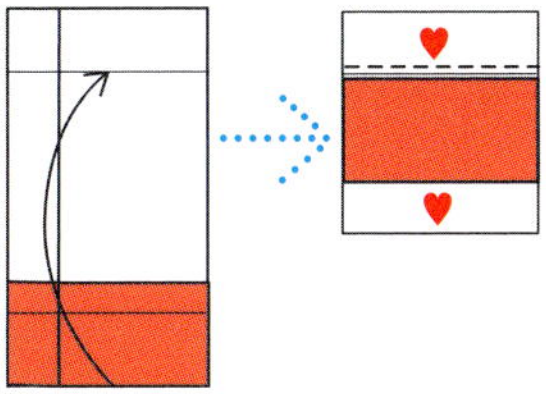

4 ♥の　ところが　おなじ
はばに　なるよう
おりせんまで　おる。

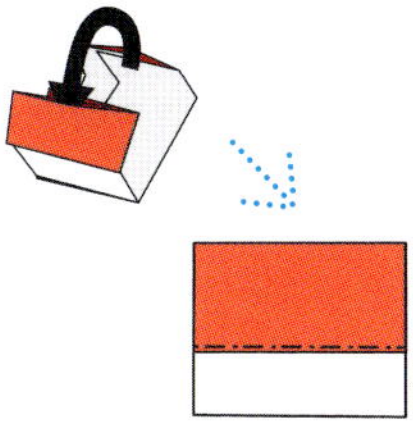

5 うえの　♥の
ところを
なかに　いれる。

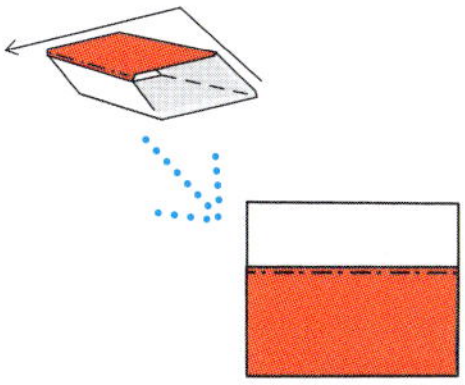

6 てんせんで
やまおりし、
かたちを
ととのえる。

サーモン《さーもん》は　オレンジ《おれんじ》で
つくってね。
たまごは　きいろでね。

にぎりのアレンジ

ぐんかん  ……1まい

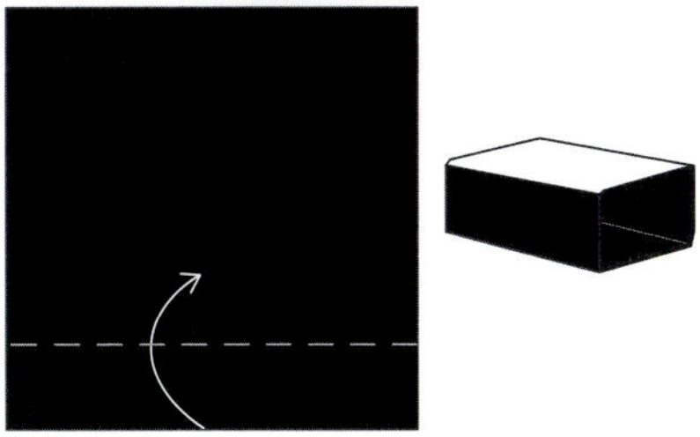

★くろい　おりがみの
おもてから　はじめる。

シャリ  ……1まい

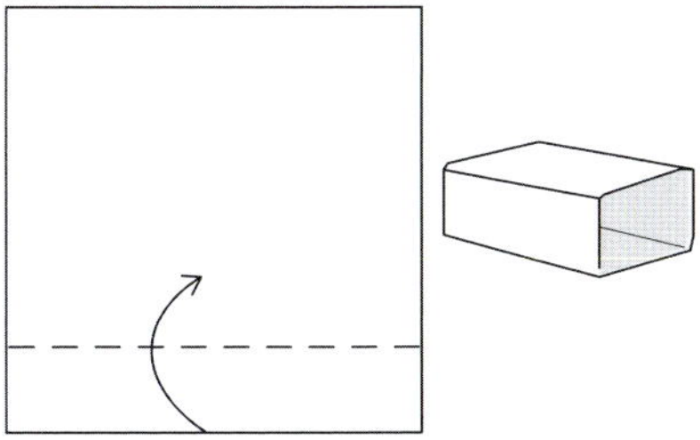

★しろい　おりがみで
つくる。

たまご  ……1まい

★くろい　おりがみを
ほそく　きって　まく。

すし

えびを　つくる

……1まい
（はんぶんに　きってね！）

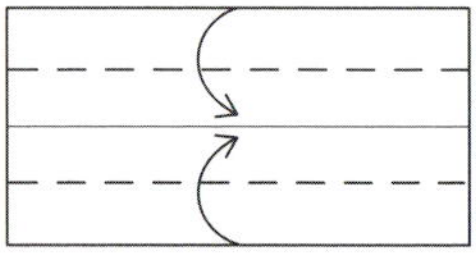

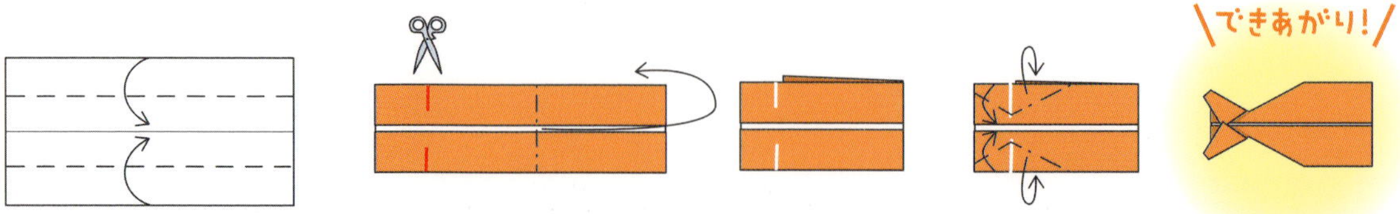

1 すきまが　できるよう
てんせんで　おる。

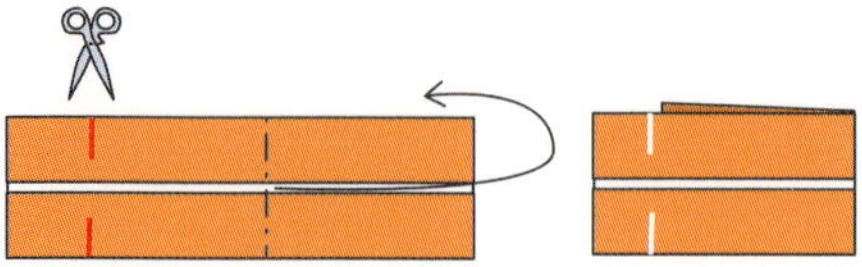

2 きりこみを　うえと
したから　いれて、
てんせんを　やまおりする。

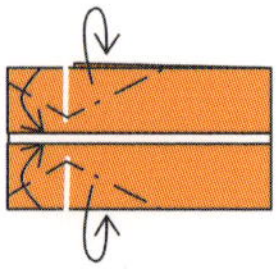

3 きりこみから　みぎは
やまおり、ひだりは
たにおりする。

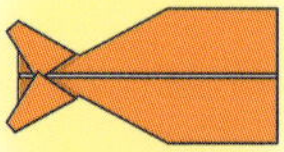

ねぎとろを　つくる

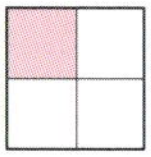

……1まい（4ぶんの1に　きってね！）

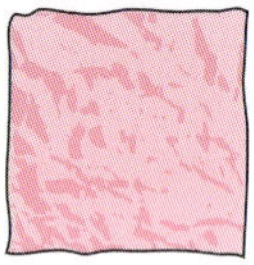

1 いちど　くしゃくしゃに
して、また　ひらく。

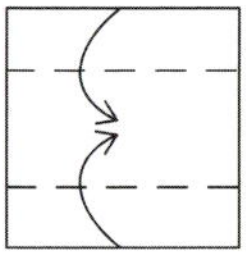

2 てんせんで　おり、
ちゅうしんで　そろえる。

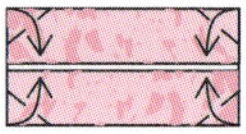

3 かどを　てんせんで
おる

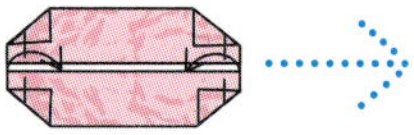

4 てんせんで　おる。

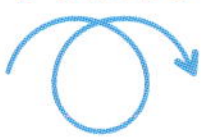

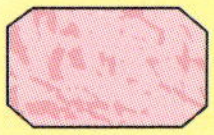

5 かざりを　つける。

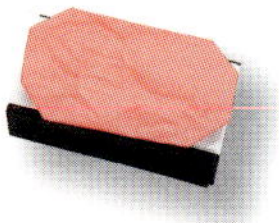

**なかおちも　おなじように
できるよ。**

おおばを　つくる

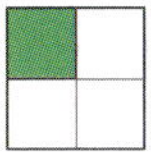
……1まい（4ぶんの1に　きってね！）

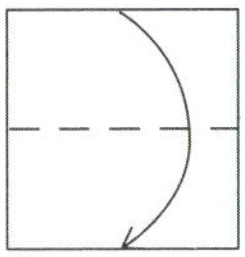

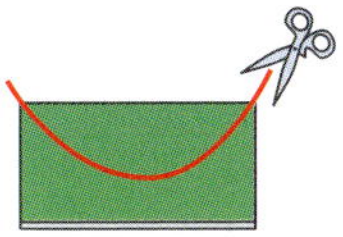

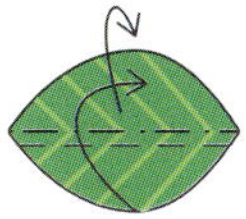

1 てんせんで
おる。

2 きりとりせんで
きる。

3 こうごに
おりせんを
つけ、ひらく。

4 おりせんと　すこし
ずらして　やまおりし、
また　ひらく。

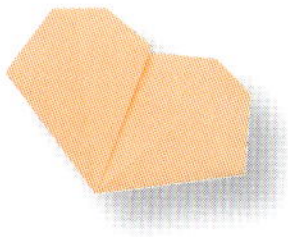

がりを　つくる

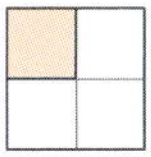
……1まい（4ぶんの1に　きってね！）

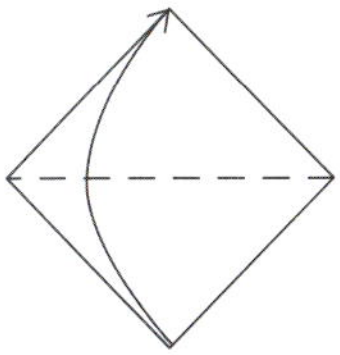

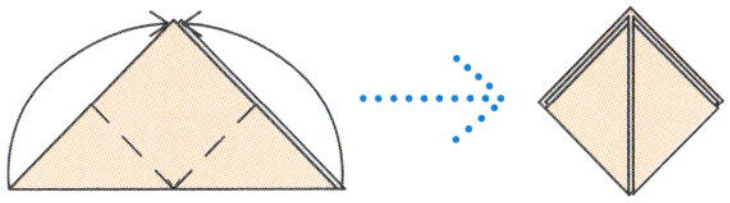

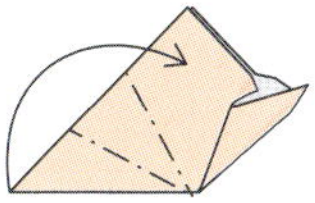

1 てんせんで　おる。

2 てんせんで　おる。

3 おった　ところを、
りょうほう　ひらく。

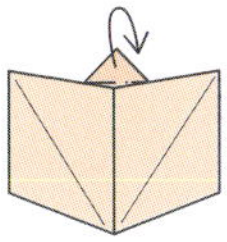

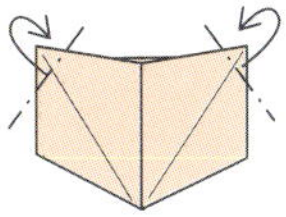

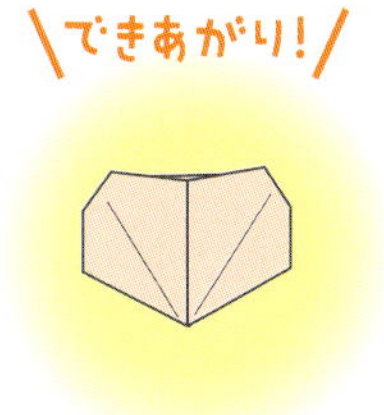

4 まんなかを、
うしろへ　おる。

5 てんせんで　やまおり
する。

おいしい
もの
だいすき

ハンバーガーセット《はんばーばーせっと》

ぱくっ！

おおきく　くちを
あけて、　いただきます。

つくりかた

バンズ《ばんず》を　つくる

……1まい

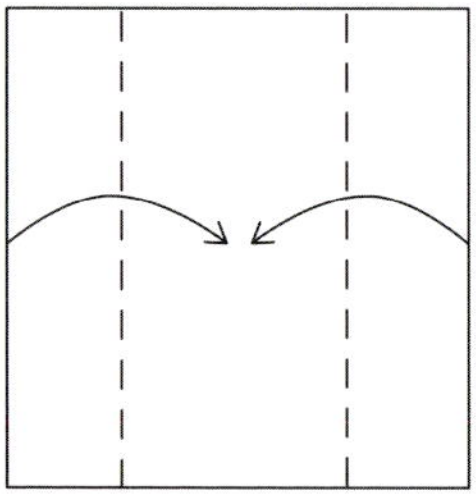

1 てんせんで　おる。

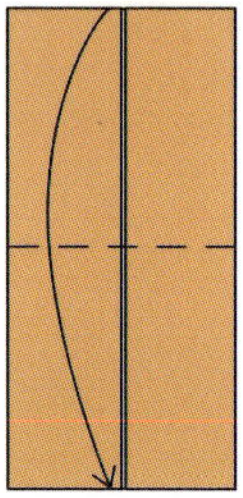

2 てんせんで
おる。

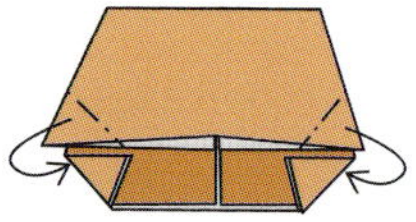

3 ひらいて　いる
かどを　うちがわに
おる。

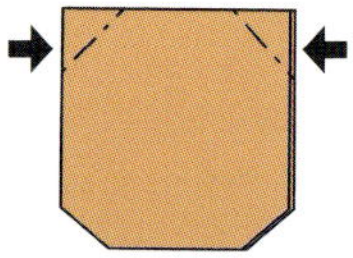

4 かどに
おりせんを
つける。

5 うちがわに　おりこむ。

ハンバーグ《はんばーぐ》を　つくる

……1まい

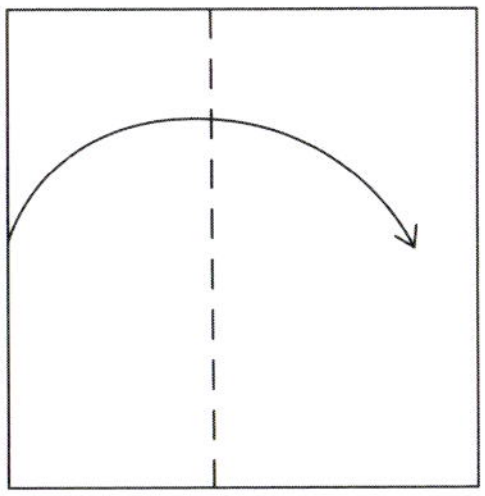

1 てんせんで　おる。

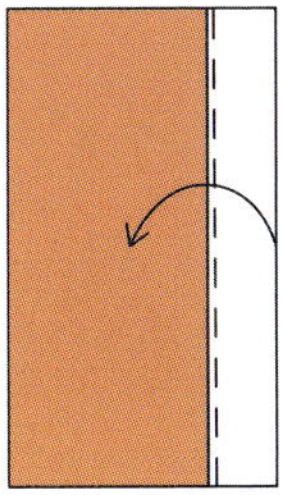

2 てんせんで　おる。

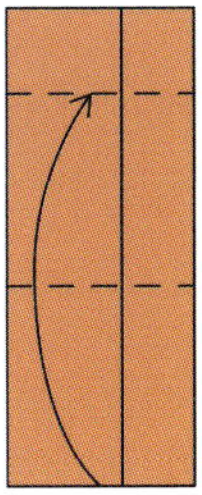

3 てんせんで　おる。

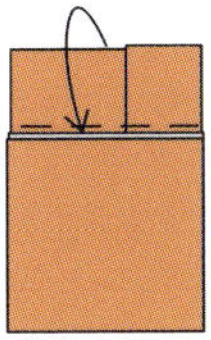

4 てんせんで　おる。

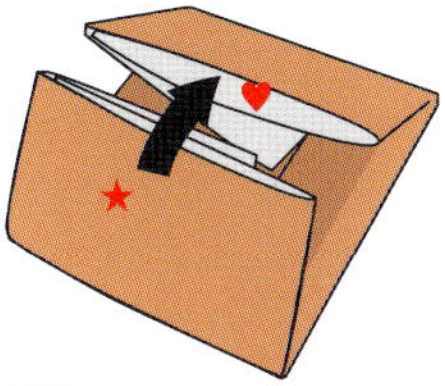

5 ★を　♥に　いれこむ。

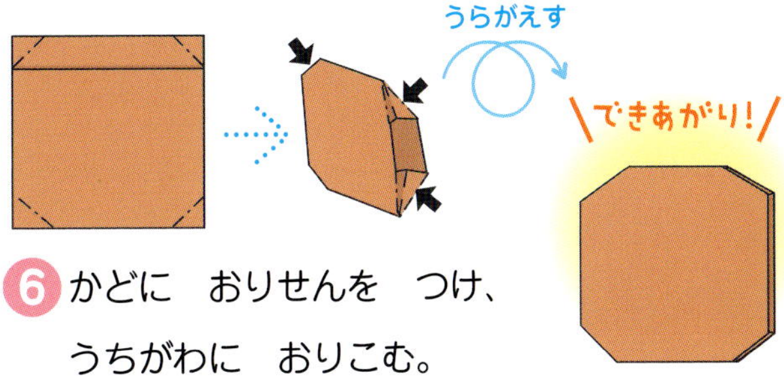

6 かどに　おりせんを　つけ、うちがわに　おりこむ。

トマト&チーズ《とまとあんどちーず》を　つくる

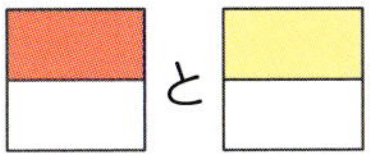
……1まいずつ
(はんぶんに　きってね!)

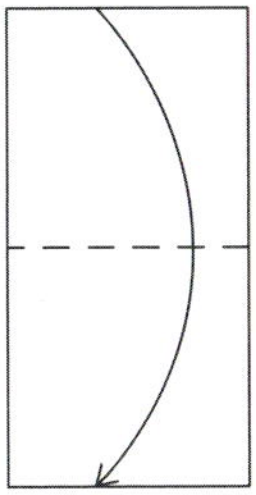

1 たてに　はんぶんに　おる。

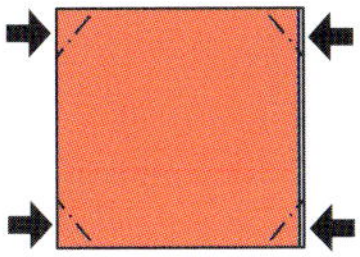

2 かどに　おりせんを　つけ、うちがわに　おりこむ。

3 いろを　かえて、チーズ《ちーず》も　つくろう。

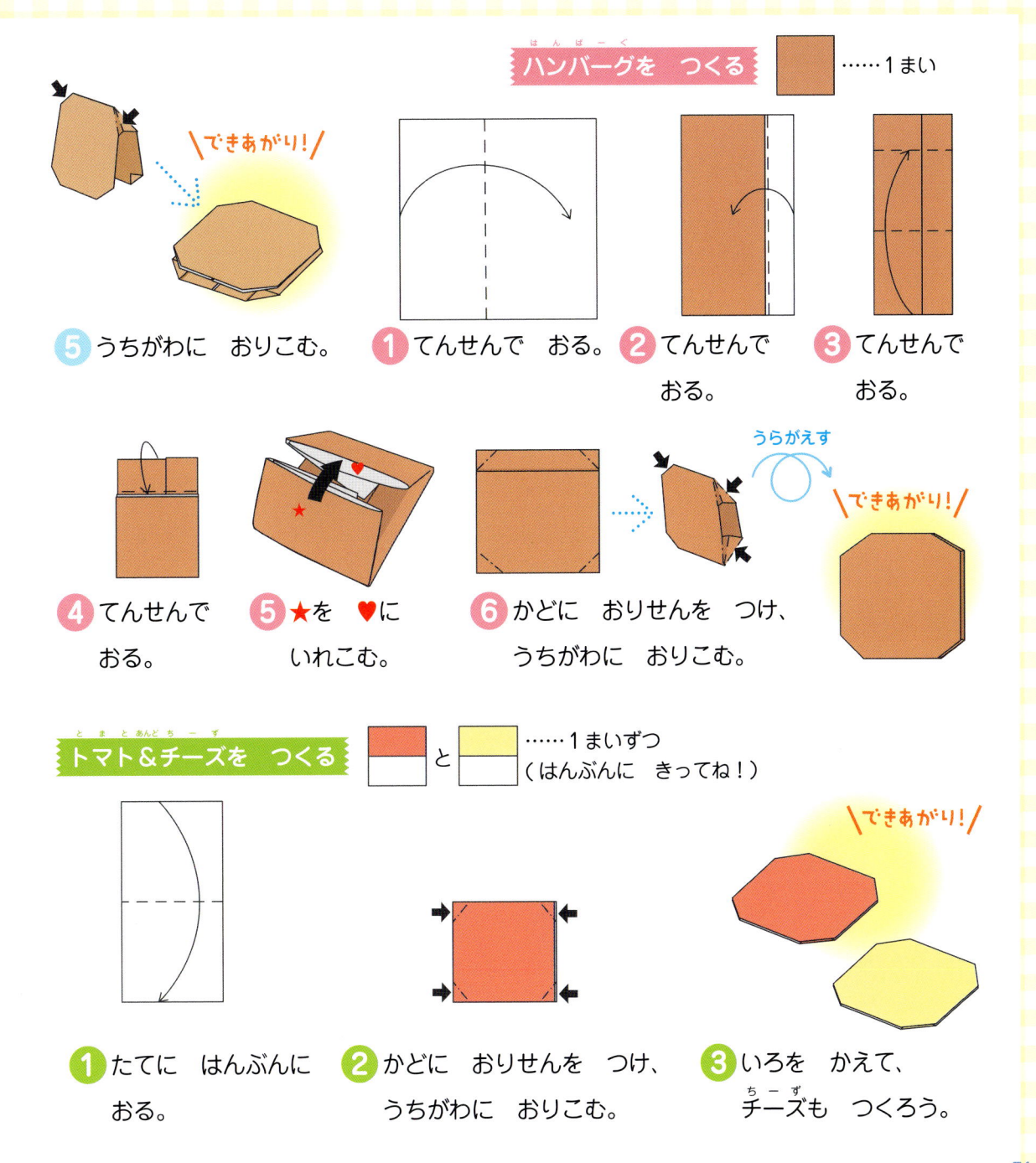

ハンバーガーセット《はんばーがーせっと》

レタス《れたす》を　つくる

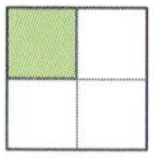
……１まい
（４ぶんの１に　きってね！）

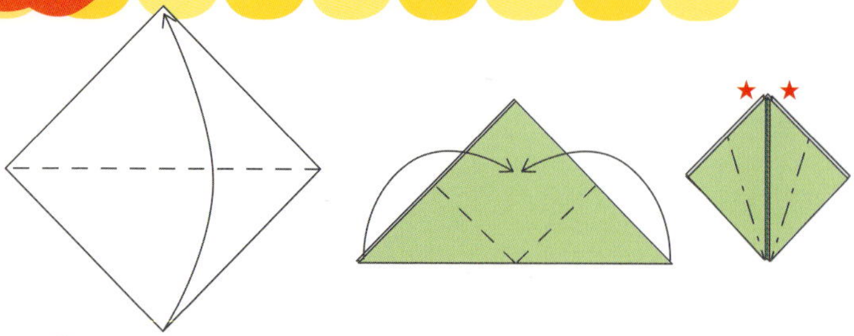

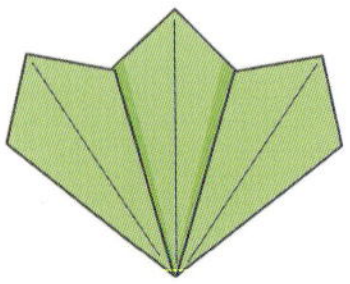

1 はんぶんに おる。

2 てんせんで　おる。

3 ★に　ゆびを いれて、ひろげる。

4 バンズ《ばんず》に　ぐを はさみこむ。

フライドポテト《ふらいどぽてと》を　つくる

……１まい
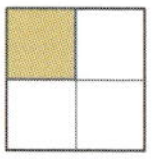
……１まい（４ぶんの１に　きってね！）

はこ

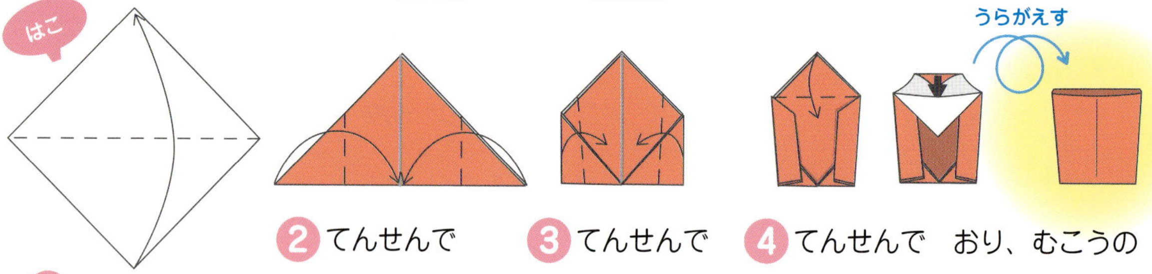

1 てんせんで おる。

2 てんせんで おる。

3 てんせんで おる。

4 てんせんで　おり、むこうの １まいは　なかに　おりこむ。

ポテト《ぽてと》

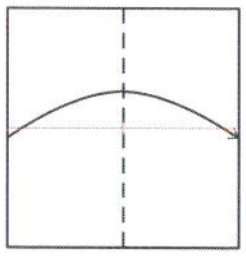

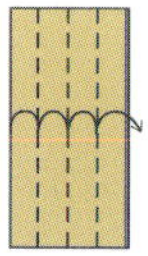

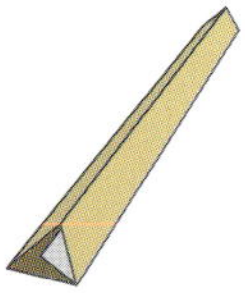

5 てんせんで おる。

6 さらに　３かい おる。

7 さんかくの はしらに　して のりづけする。

8 ５、６こ　つくって ふくろに　いれる。

シェイク《しぇいく》を　つくる

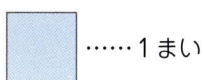

……1まい

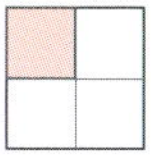

……1まい（4ぶんの1に　きってね！）

コップ《こっぷ》

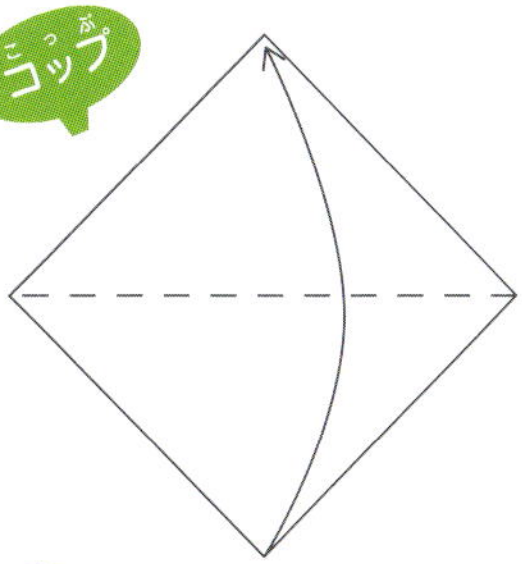

1 てんせんで
おる。

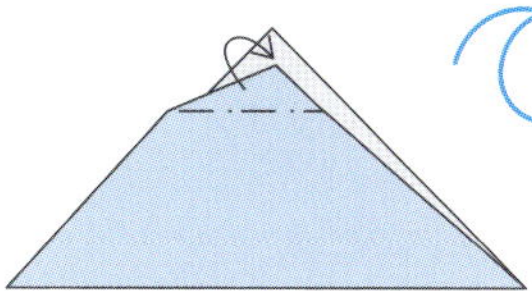

2 うえの
1まいだけ
やまおりする。

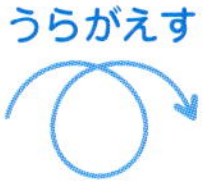

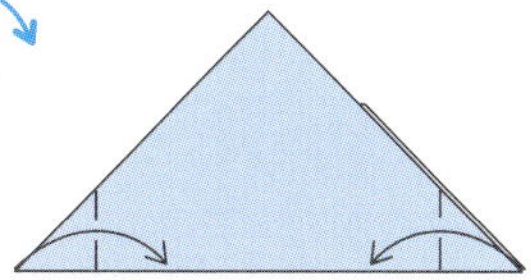

3 てんせんで
おる。

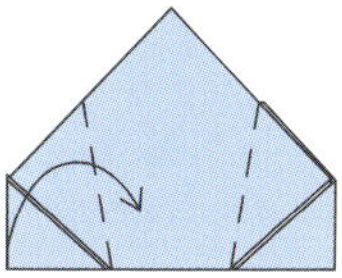

4 てんせんで
おる。

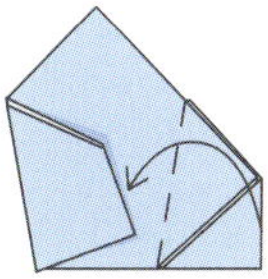

5 てんせんで
おる。

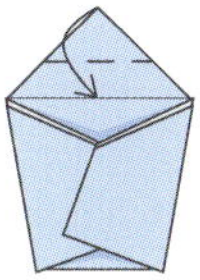

6 てんせんで　おる。

7 てんせんで　おる。

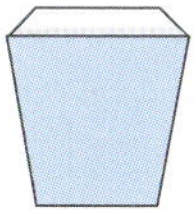

ストロー《すとろー》

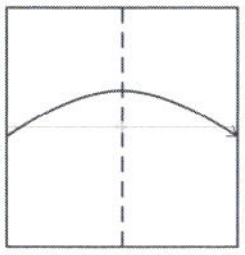

8 てんせんで
はんぶんに
おる。

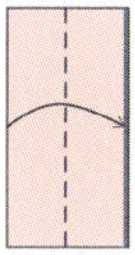

9 さらに
はんぶんに
おる。

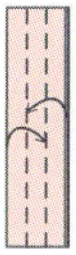

10 りょうがわ　から
てんせんで　おる。

11 7に　10を
さす。

サンドイッチ《さんどいっち》

ハムサンド《はむさんど》、
トマトサンド《とまとさんど》。
どっちが　すき？

つくりかた　ハムサンド《はむさんど》を　つくる

……1まい

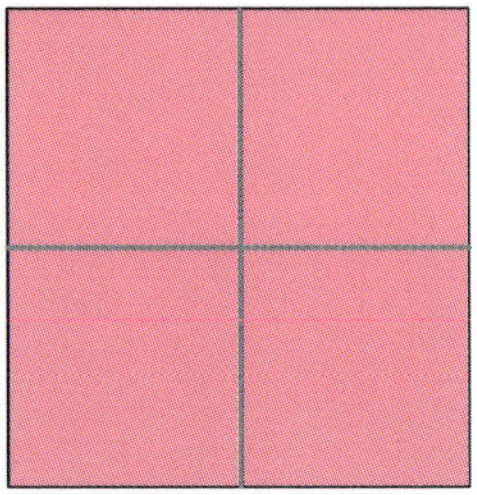

1 おりせんを　つける。

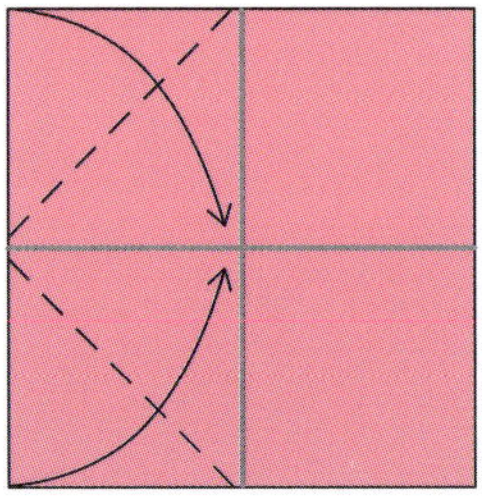

2 まんなかを　すこし　あけて
てんせんで　おる。

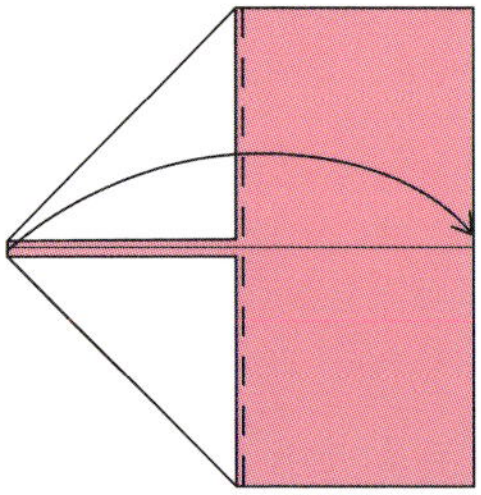

3 てんせんで　おる。

トマトサンド《とまとさんど》は
あかい　おりがみで、
おなじように　つくる。

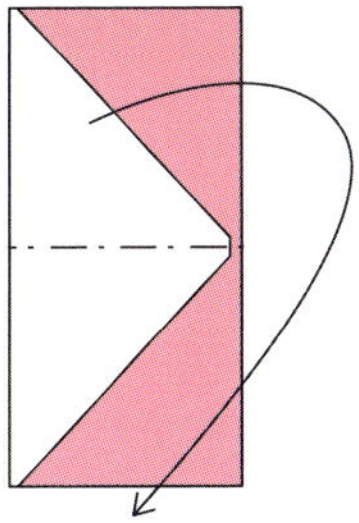

④ てんせんで
やまおりする。

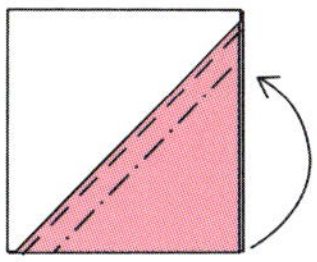

⑤ てまえの　１まいを
てんせんで　やまおりして、
なかに　いれる。

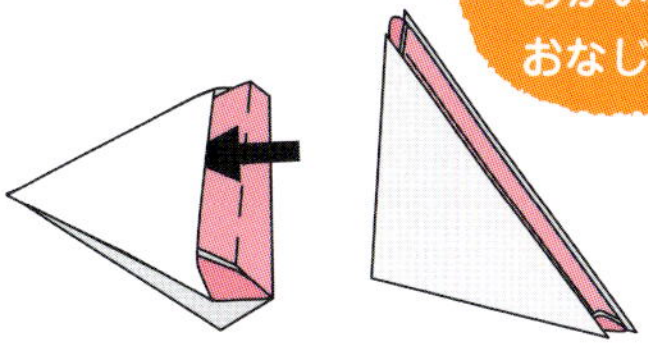

⑥ おくの　１まいは
てまえの　さんかくの
なかに　いれる。

チーズ《ちーず》を　つくる

……１まい

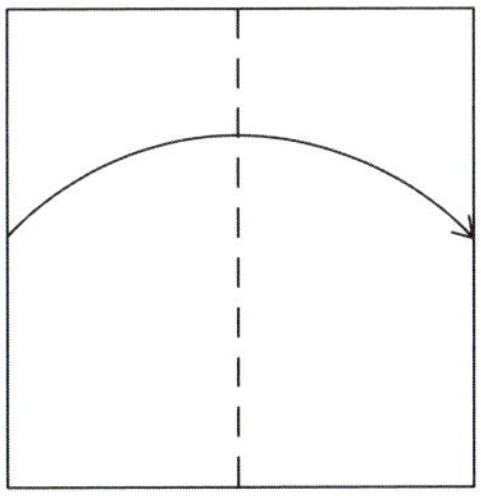

① てんせんで　おる。

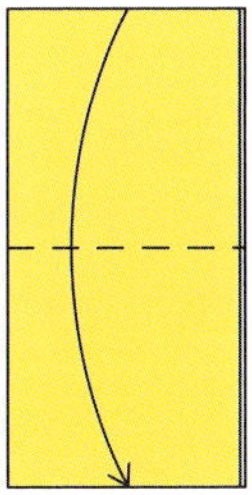

② てんせんで　おる。

③ まとめて　てんせんで
２かい　おる。

レタス《れたす》を　つくる

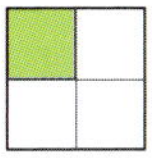

……１まい（４ぶんの１に　きってね！）

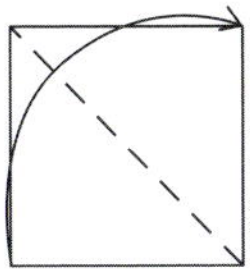

① てんせんで
はんぶんに　おる。

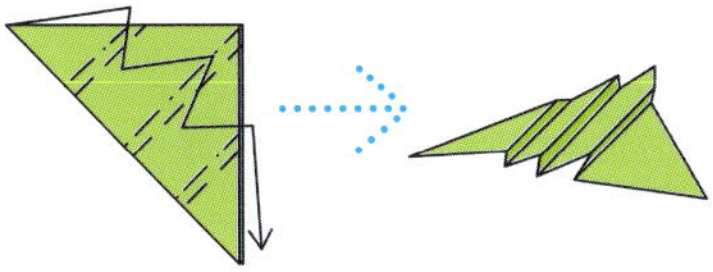

② てんせんで　やまおりと
たにおりを　こうごに　おる。

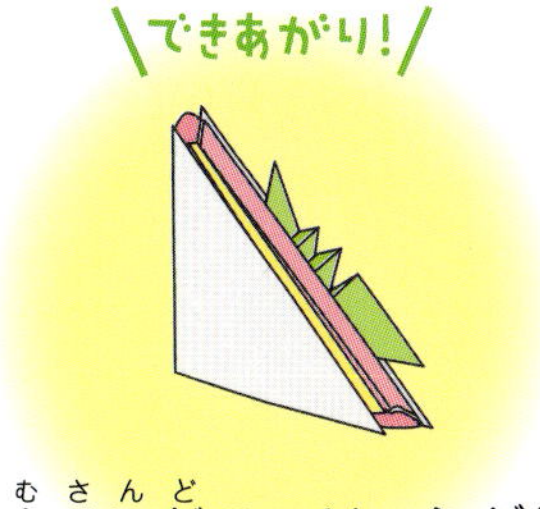

ハムサンド《はむさんど》の　りょうがわに、
チーズ《ちーず》と　レタス《れたす》を
さしこむ。

おにぎりおべんとう

だいすきな　たこさんウィンナー《うぃんなー》といっしょに、

「いただきま～す！」

おにぎり

トマト《とまと》

アスパラ《あすぱら》の
ベーコン《べーこん》まき

レタス《れたす》

たこさんウィンナー《うぃんなー》

フライドチキン《ふらいどちきん》

つくりかた

おにぎりを　つくる

……1まい

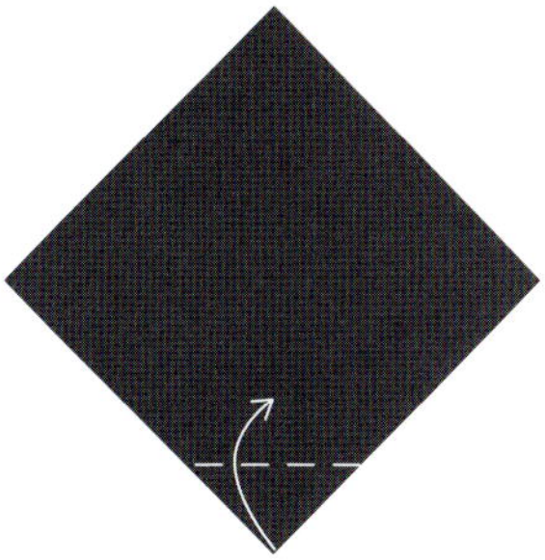

1 てんせんで
おる。

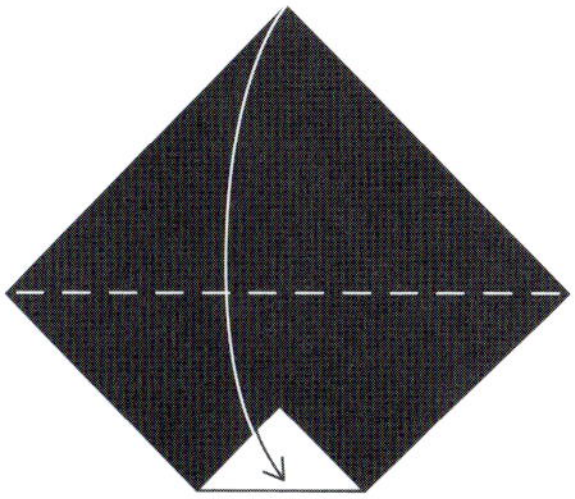

2 てんせんで
おる。

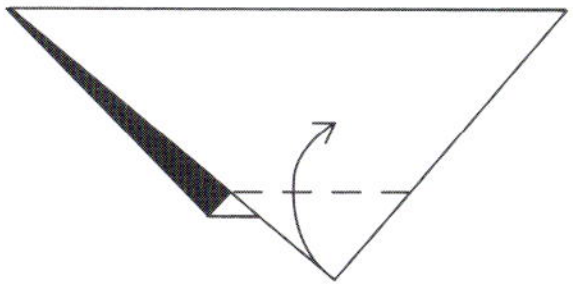

3 てんせんで
おる。

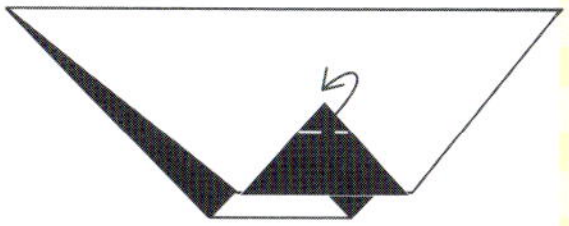

4 てんせんで
やまおりする。

フライドチキン《ふらいどちきん》を　つくる

……1まい

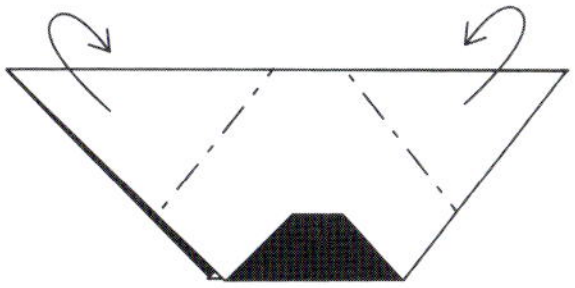

5 てんせんで
やまおりする。

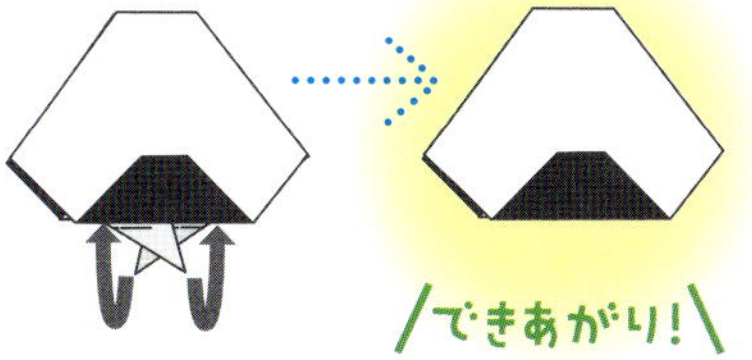

6 はみだした　ところを
うちがわに　いれる。

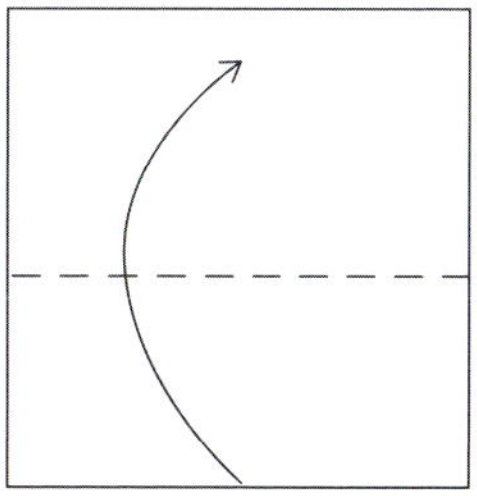

1 てんせんで　おる。

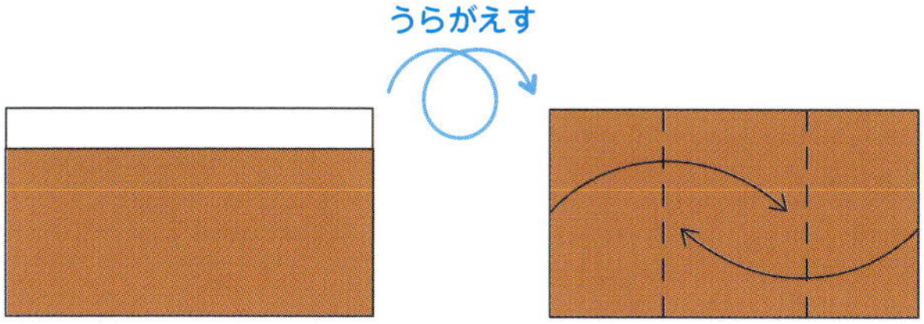

2 てんせんで　おる。

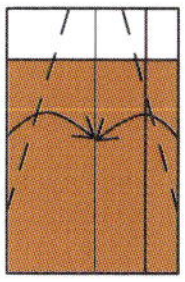

3 てんせんで
おる。

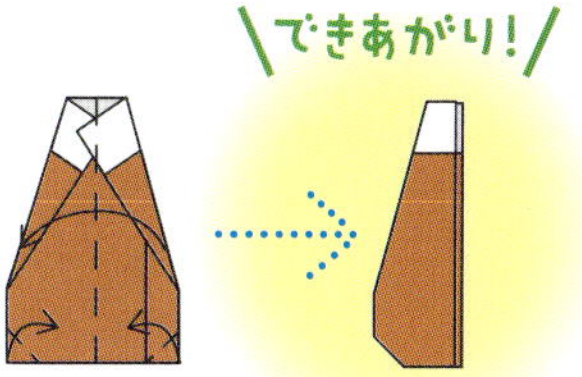

4 かどを　おり、
はんぶんに　おる。

おいしい
もの
だいすき

おべんとう

たこさんウィンナー《うぃんなー》を　つくる

……1まい(はんぶんに　きってね！)

1 てんせんで
おる。

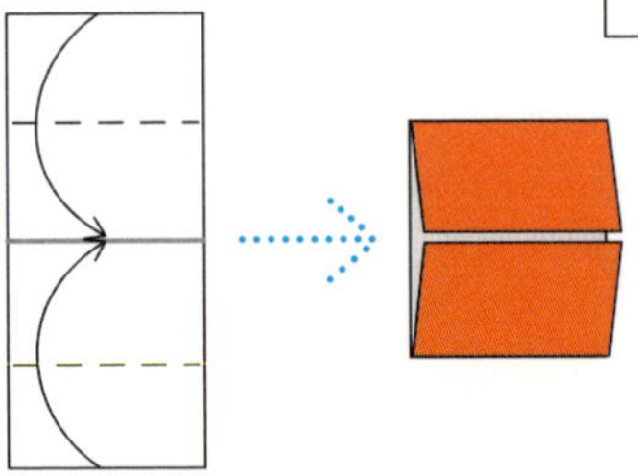

2 きりこみを
いれる。

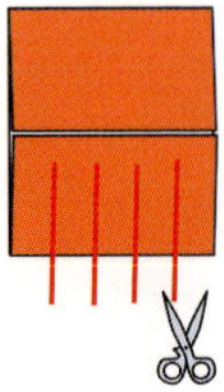

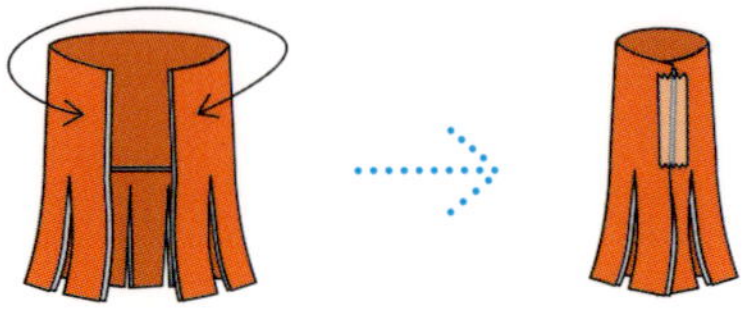

3 ひらいて　いる　ほうを　うちがわに　して、
ぐるっと　まき、テープ《てーぷ》で　とめる。

4 あしを　カール《かーる》させ、
かおを　かく。

レタス《れたす》を　つくる

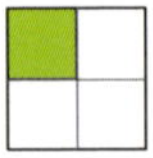

……1まい（4ぶんの1に　きってね！）

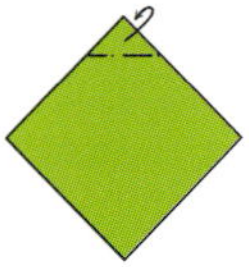

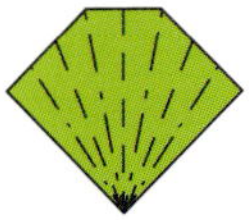

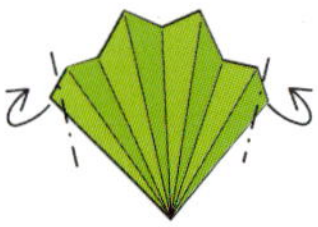

1 かどを
やまおりする。

2 やまおりと　たにおりで
じゅんばんに　おりせんを
つける。

3 かどを　やまおり　する。

アスパラ《あすぱら》 ベーコン《べーこん》まきを　つくる

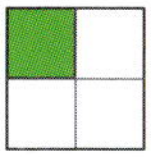
……1まい（4ぶんの1に　きってね！）

……1まい（3ぶんの1に　きってね！）

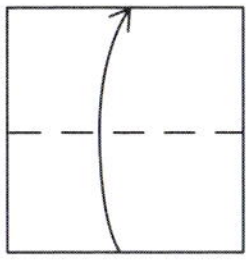

1 てんせんで　おる。

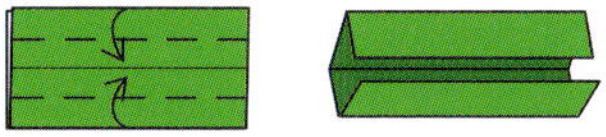

2 てんせんで　おる。

3 さんかくにして
のりづけする。

4 ③に　まいて
のりづけする。

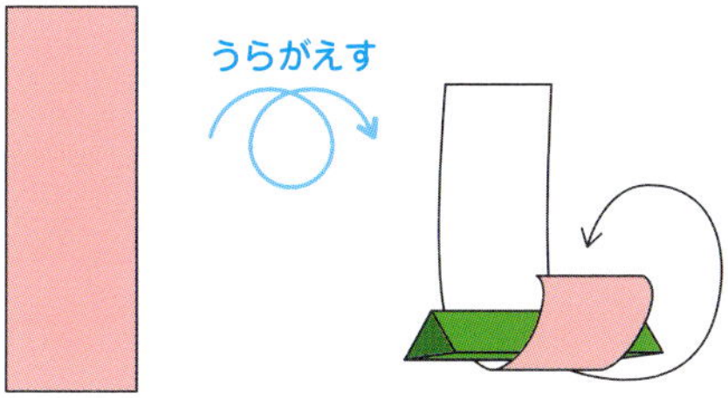

トマト《とまと》を　つくる

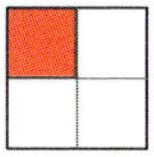
……1まい（4ぶんの1に　きってね！）

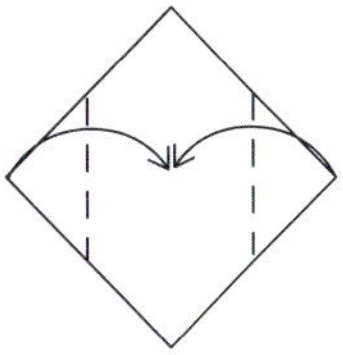

1 てんせんで
おる。

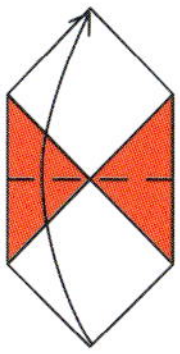

2 てんせんで
おる。

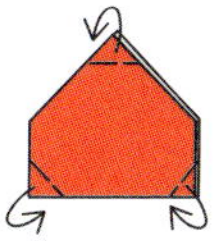

3 かどを
やまおりする。

4 へたを　はる。

おいしい
もの
だいすき

えびフライ《ふらい》

さくさくの　えびフライ《ふらい》。
あつあつを　めしあがれ！

つくりかた

えびフライ《ふらい》を　つくる

……1まい

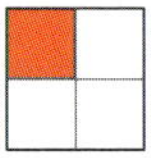
……1まい
（4ぶんの1に　きってね！）

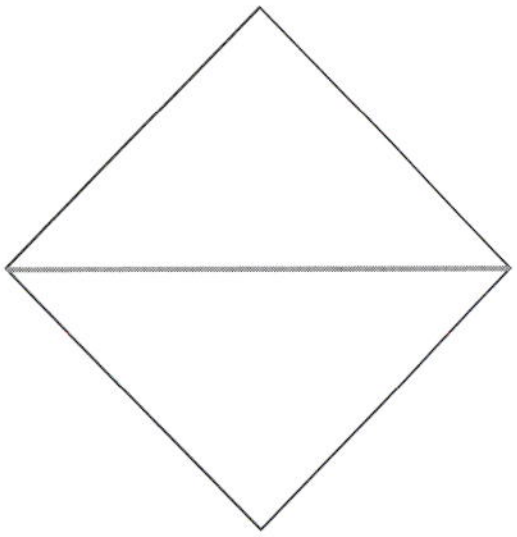

1 おりせんを　つける。

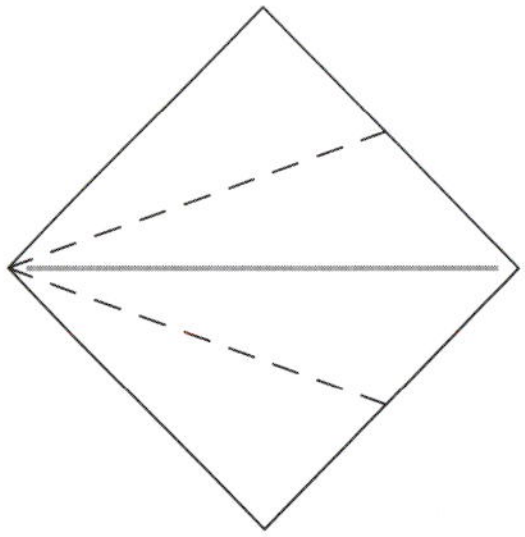

2 てんせんで　おる。

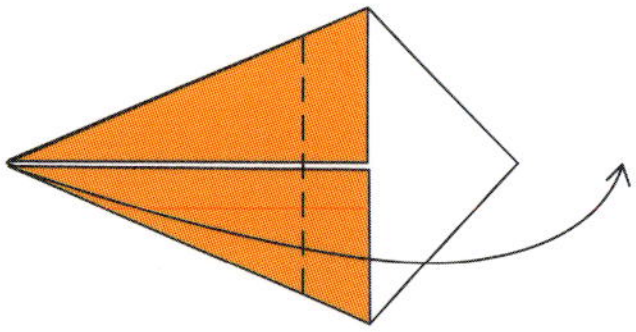

3 てんせんで　おる。

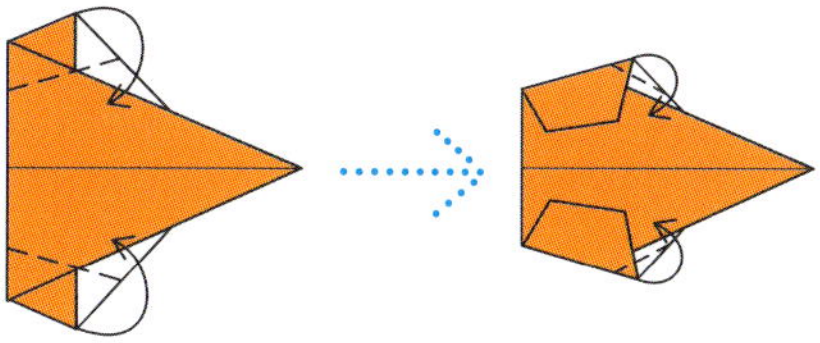

4 かどを　てんせんで　おる。
はしも　てんせんで　おる。

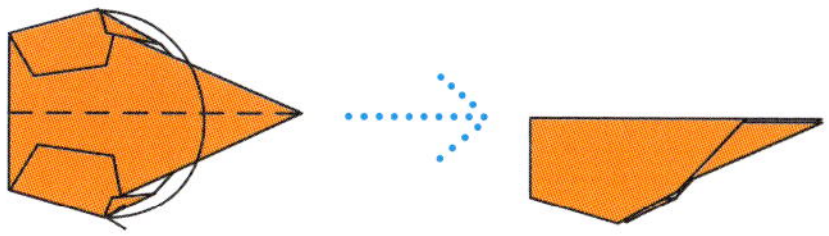

5 てんせんで　おる。

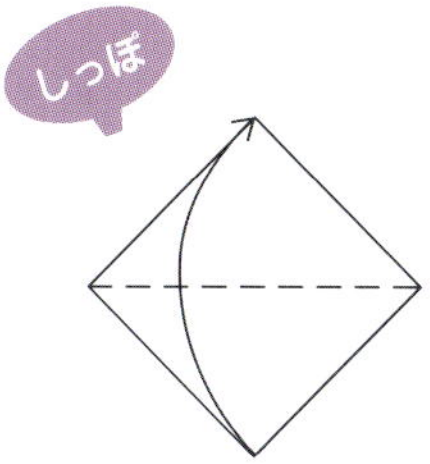

6 てんせんで
おる。

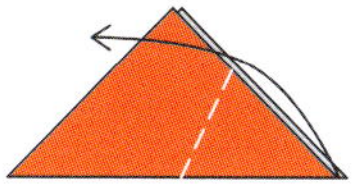

7 てんせんで
おる。

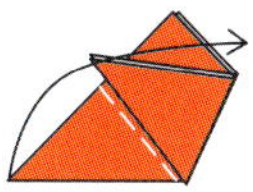

8 てんせんで
おる。

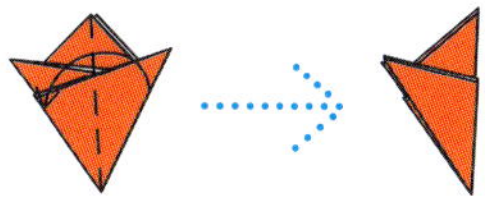

9 はんぶんに
おる。

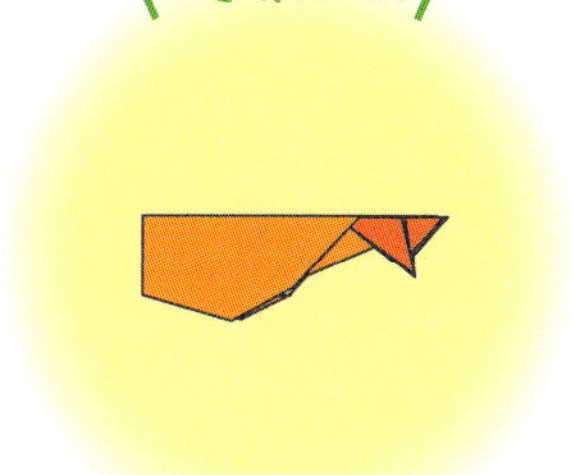

10 5に　9を　はさみ、
かんせい。

ポテトサラダ《ぽてとさらだ》を　つくる

……1まい

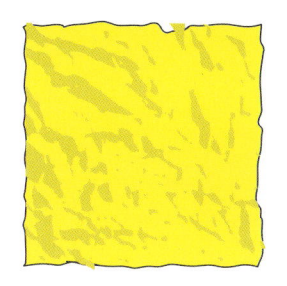

1 いちど　くしゃくしゃに
してから　ひろげる。

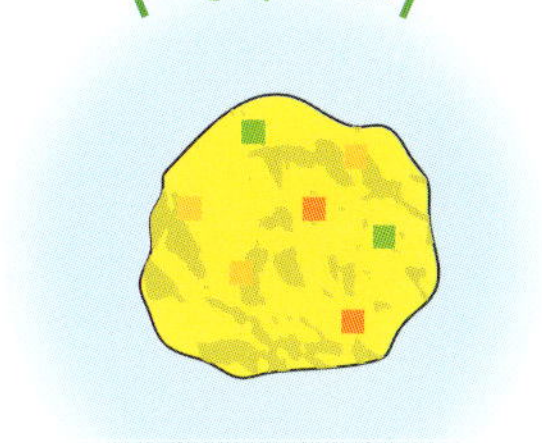

2 うちがわに　まげ
まるくして
おりがみを　はる。

○トマト《とまと》と、レタス《れたす》のつくりかたは、78～79ページ《ぺーじ》にあります。

おいしい
もの
だいすき

ケーキ《けーき》

カラフル《からふる》な　プチケーキ《ぷちけーき》。
いっぱい　つくって、
ならべよう！

つくりかた　マロンケーキ《まろんけーき》を　つくる

……1まい

……1まい
（4ぶんの1に　きってね！）

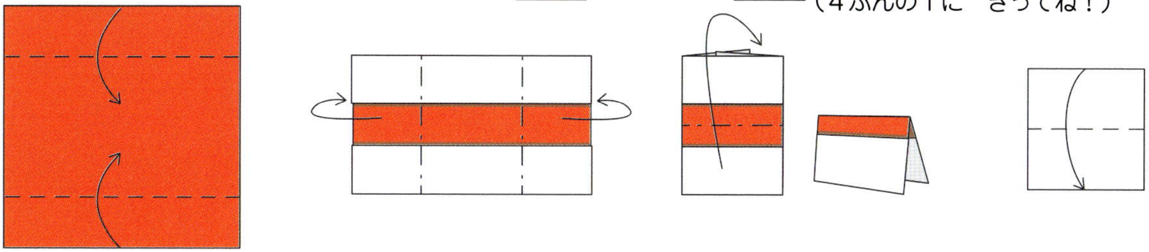

1 てんせんで
おる。

2 てんせんで
やまおりする。

3 てんせんで
やまおりする。

4 ちいさい　ほうの
おりがみを
はんぶんに　おる。

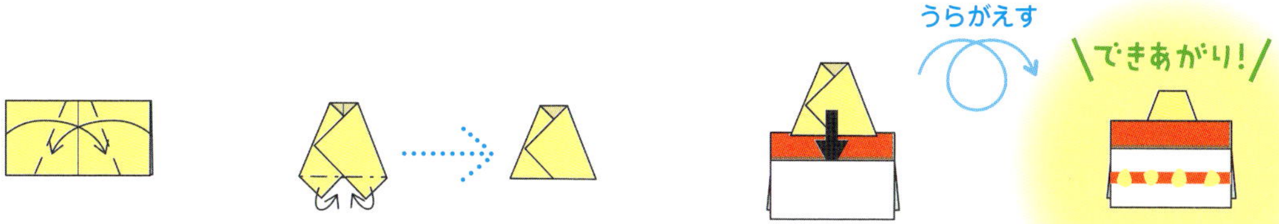

5 てんせんで
おる。

6 てんせんで
やまおりする。

7 3に　さしこむ。

8 おもてに　して、
デコレーション《でこれーしょん》
する。

フルーツケーキ《ふるーつけーき》を　つくる

……1まい

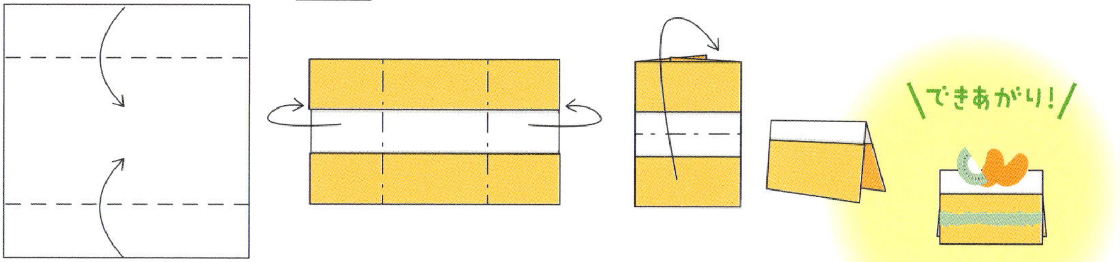

1 てんせんで　おる。

2 てんせんで
やまおりする。

3 てんせんで
やまおりする。

4 フルーツ《ふるーつ》を
つける。

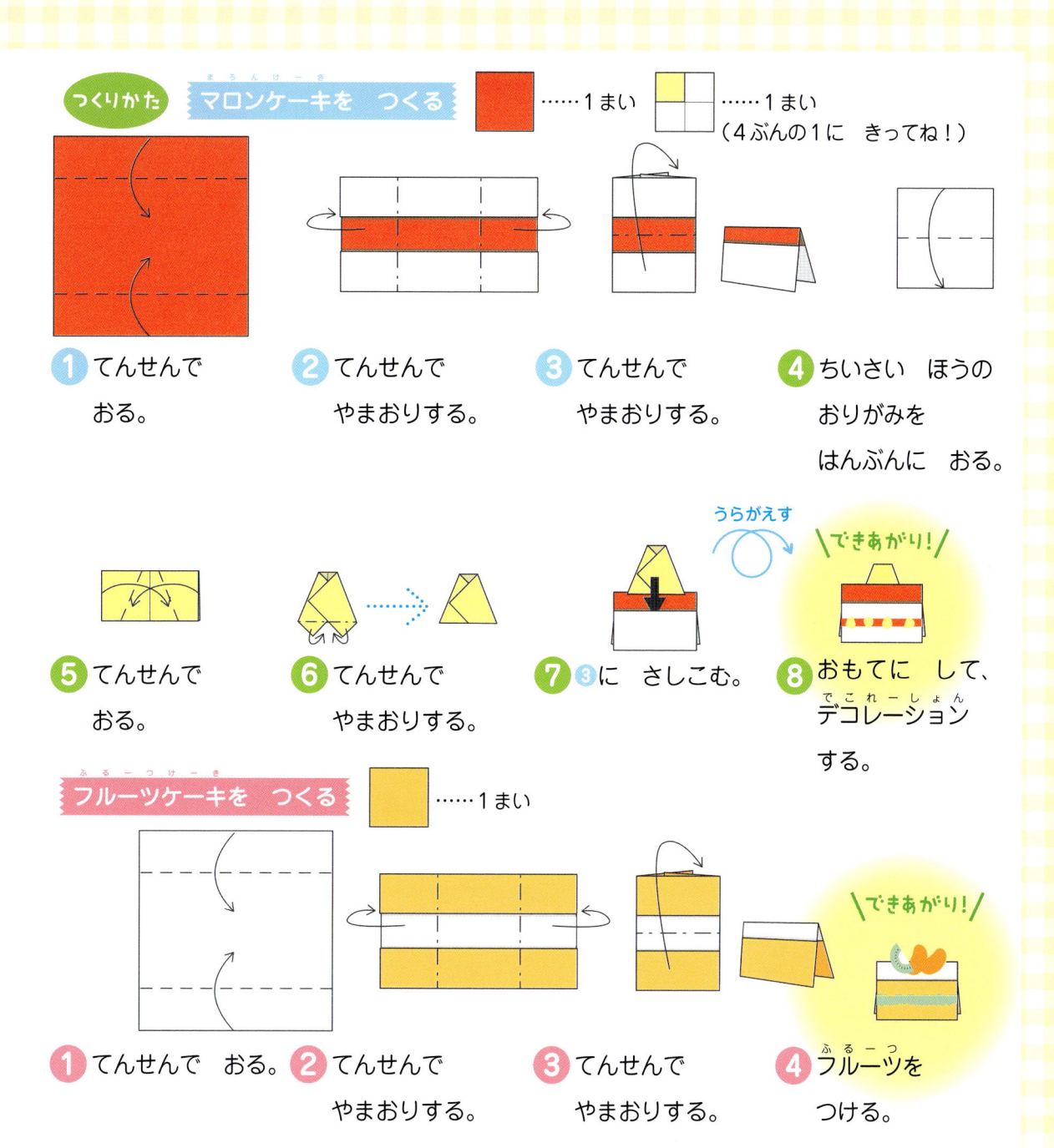

きせつのかざり

こいのぼり

おきにいりの　こいのぼりを
つくって　かざろう！

つくりかた　こいのぼりを　つくる

……1まい

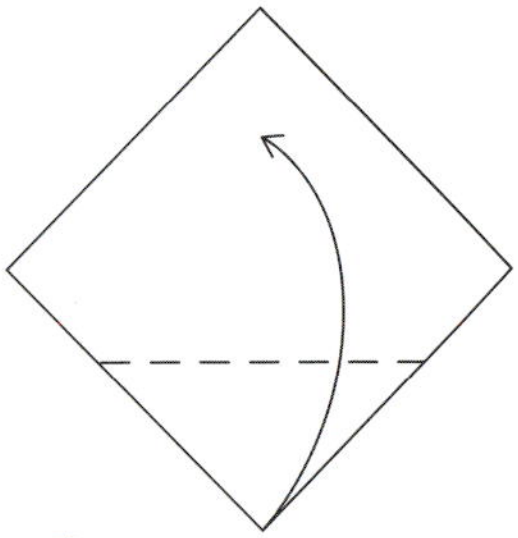

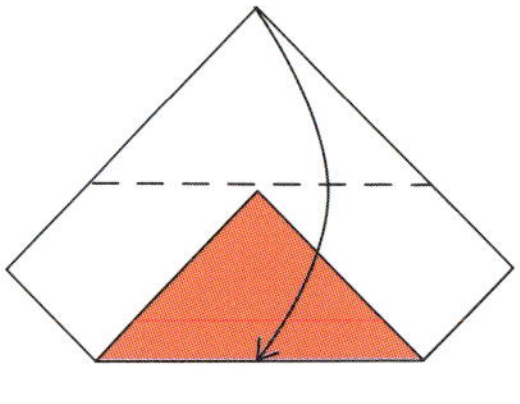

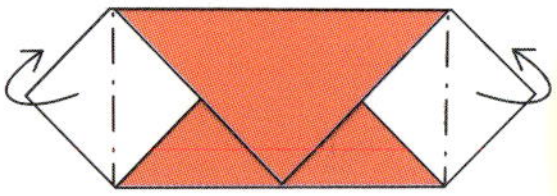

できあがり！

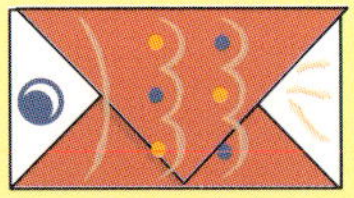

1 てんせんで
おる。

2 うえからも
てんせんで　おる。

3 てんせんを
やまおりする。

4 もようを　かく。

ふうしゃを　つくる

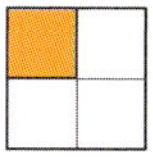

……1まい（4ぶんの1に　きってね！）

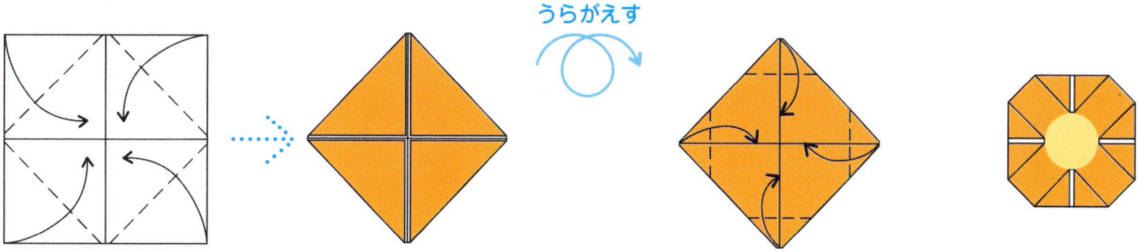

1 てんせんで　おる。

2 てんせんで
おる。

3 まんなかに
まるい　シール《しーる》を
はる。

ポール《ぽーる》を　つくる

コピー《こぴー》ようし……1まい

1 コピー《こぴー》ようしを
たてに
はんぶんに　おる。

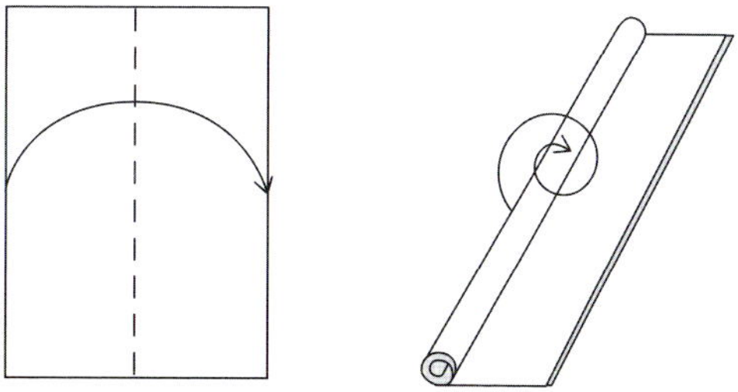

2 くるくる
まく。

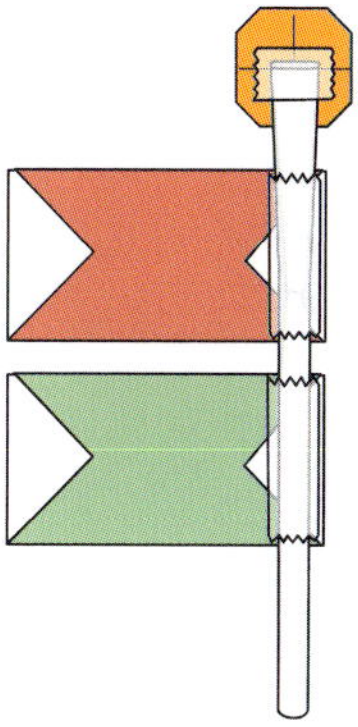

3 テープ《てーぷ》で　とめて、
うえを　すこし
つぶす。

4 3に　こいのぼりと
ふうしゃを　テープ《てーぷ》で
はる。

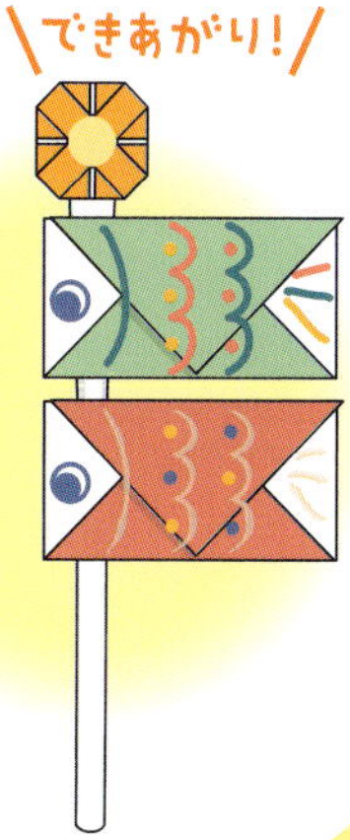

きせつのかざり

ミ《み》ニ《に》こいのぼり

おうちの　どこに
おこうかな？
テーブル《てーぶる》や　つくえに
かざってね。

つくりかた　こいのぼりを　つくる  ……1まい

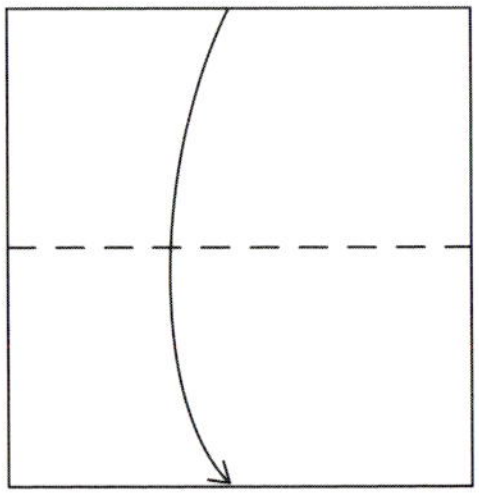

1 てんせんで
おる。

2 てんせんで
おる。

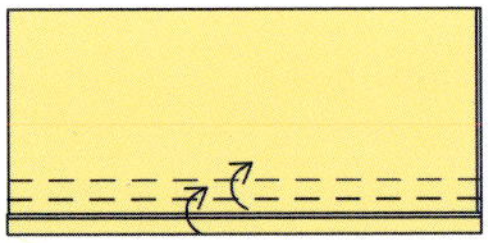

3 つづけて
2かい　おる。

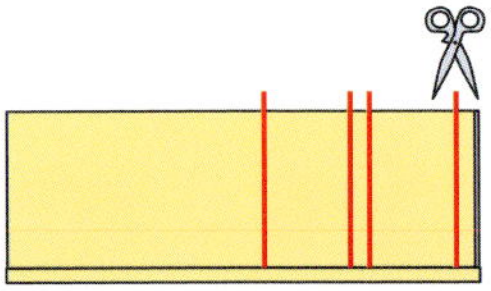

4 おった　ところまで、
きりとりせんで
きる。

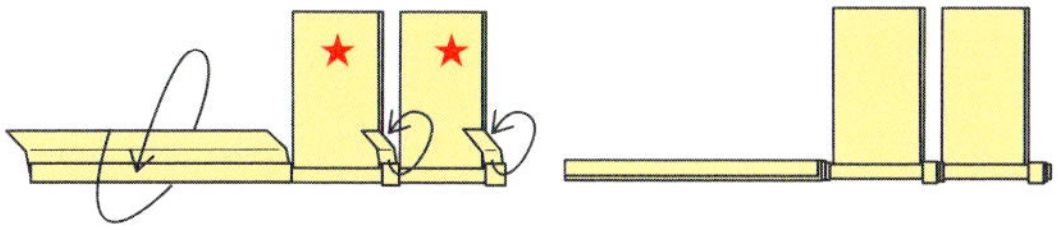

5 ★を　のこし、のこりを　まいて、
のりで　とめる。

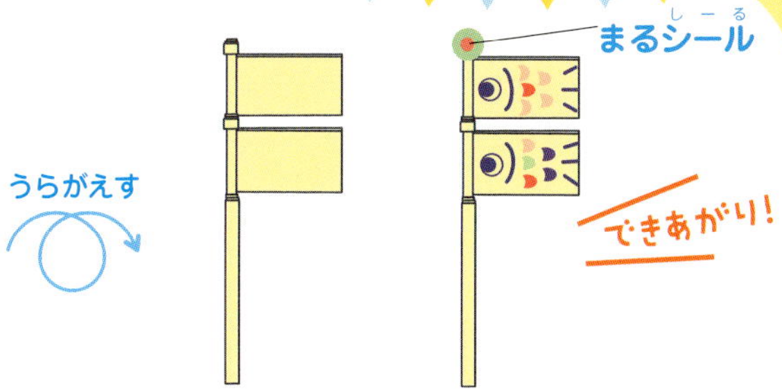

まるシール《しーる》
うらがえす
できあがり!

6 おもてに　して、かみを　はったり、
えを　かいたり　して　かざる。

スタンド《すたんど》を　つくる

……1まい

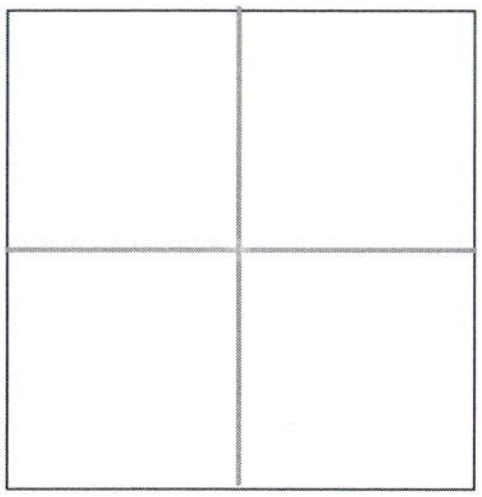

1 おりせんを　つける。

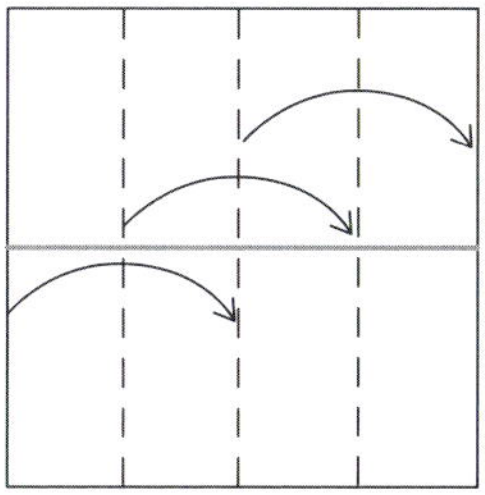

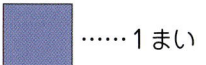

2 3かい　おって、
4ぶんの1に　する。

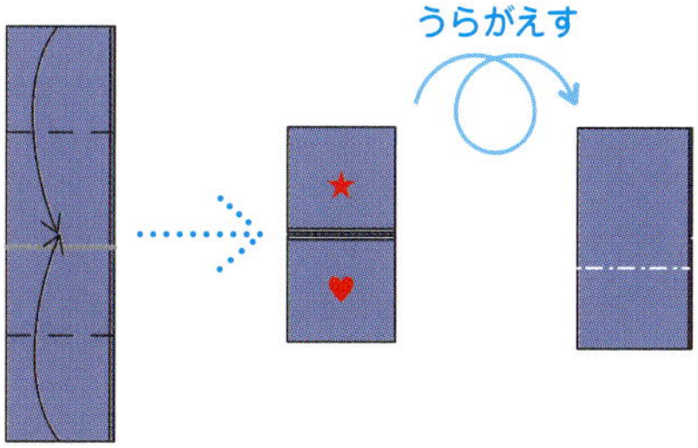

うらがえす

3 てんせんで　おり、うらがえして
おりせんを　つける。

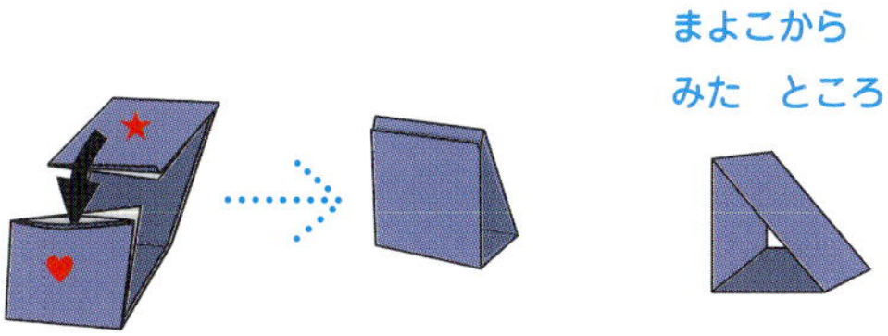

まよこから
みた　ところ

4 おりせんで　おって、★を　♥の
なかに　いれる。

できあがり!

5 4に　こいのぼりを　さしこんで、
とめる。

きせつのかざり

おりひめとひこぼし

ささの　はに　かざって、
ことしの　ねがいごとが
かなうと　いいね

つくりかた　かおを　つくる

……1まい
（はんぶんに
きってね！）

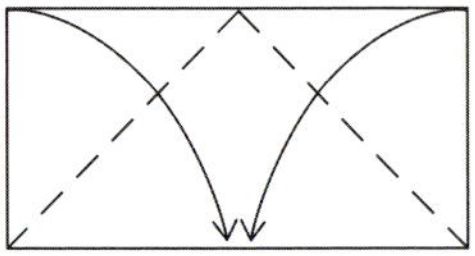

1 てんせんで
おる。

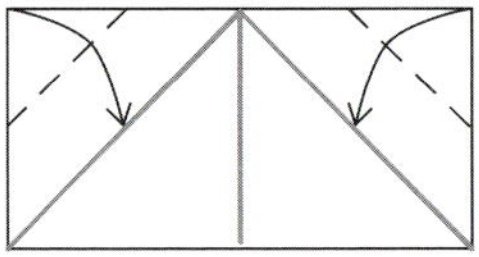

2 いちど　ひらいて、
できた　おりせんに
あわせ　てんせんで
おる。

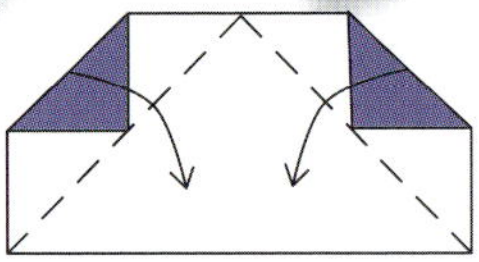

3 てんせんで
もういちど　おる。

おりひめ

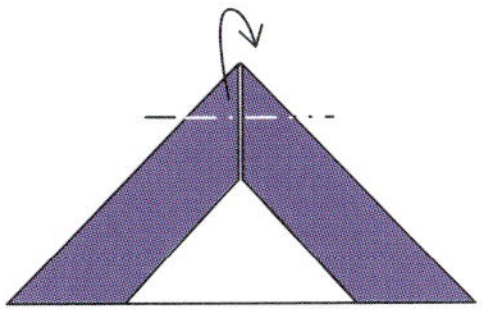

4 てんせんを
やまおりする。

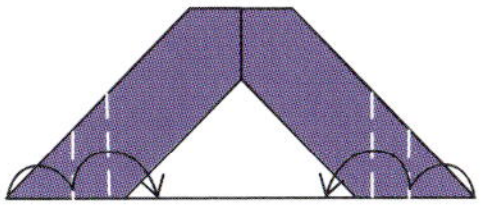

5 てんせんを
おる。

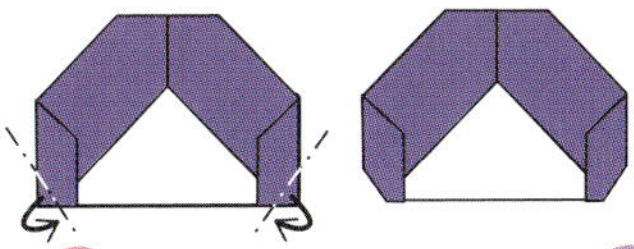

6 かどを
やまおりする。

ひこぼし

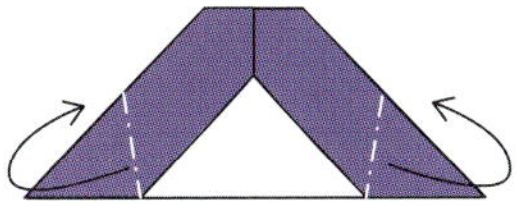

7 4までは　おりひめと
おなじ。てんせんを
やまおりする。

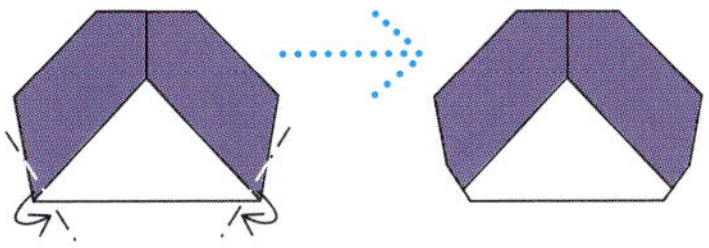

8 かどを　やまおりする。

きものを　つくる

……1まい

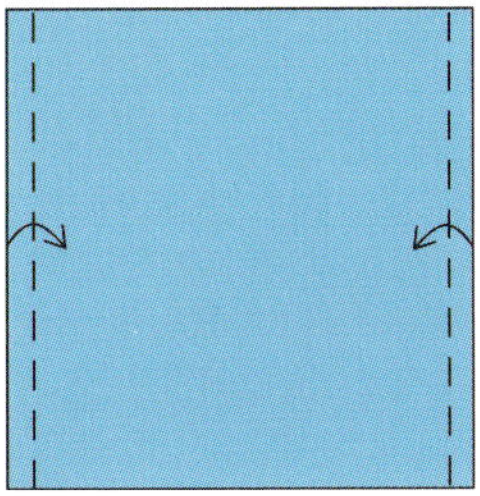

1 りょうはしを
てんせんで　おる。

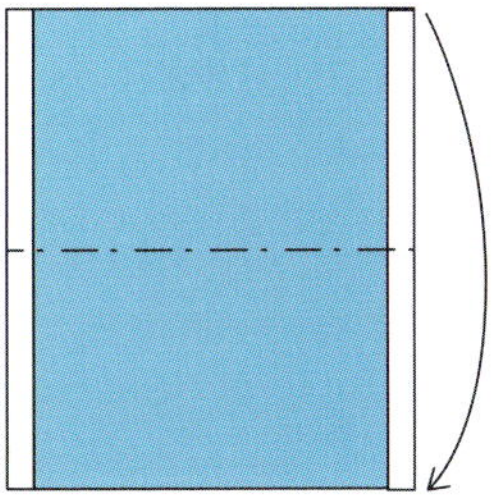

2 てんせんで
やまおりする。

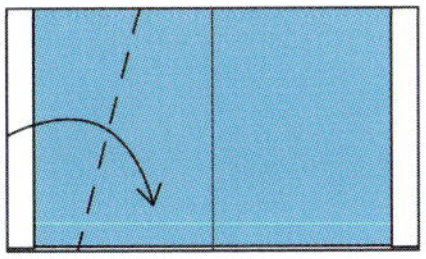

3 てんせんで
おる。

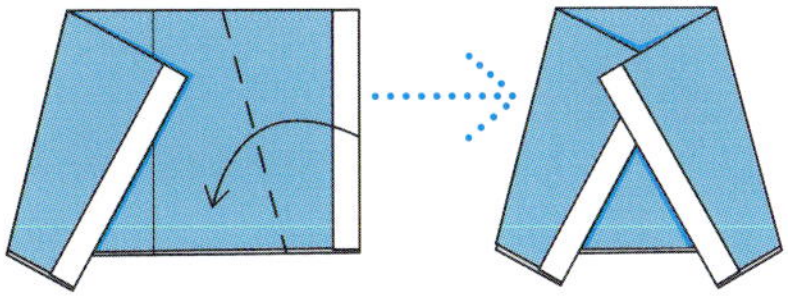

4 もう　いっぽうも
てんせんで　おる。

5 かおを　はって、
めや　はな、くちを　かく。

きせつの かざり

サンタ《さんた》とトナカイ《となかい》

クリスマス《くりすます》に　たのしく
かざってね！

つくりかた　サンタ《さんた》を　つくる　……1まい

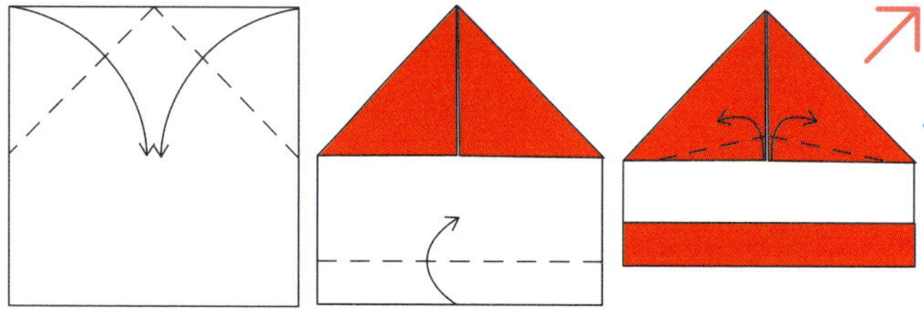

1 てんせんで
おる。

2 てんせんで
おる。

3 てんせんで
おる。

4 てんせんで
やまおり
する。

5 うえを
てんせんで　おり、
かおを　かく。

トナカイ《となかい》（あたま）を　つくる

……1まい

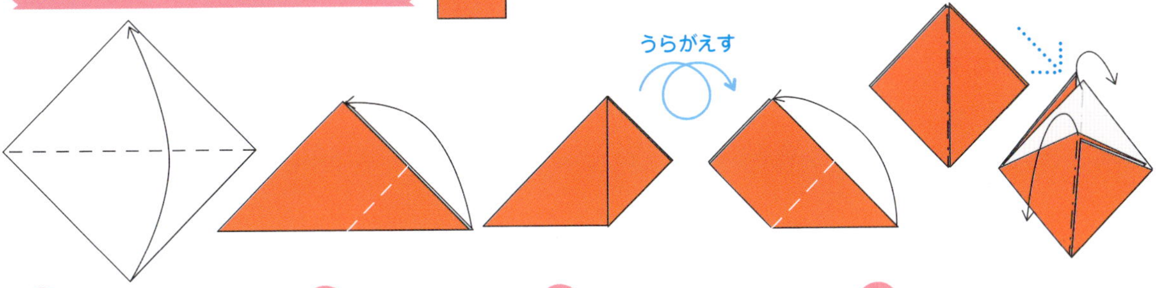

1 てんせんで はんぶんに　おる。

2 てんせんで おる。

3 てんせんで　おる。

4 うえを　ひらいて、さんかくを　つくる。

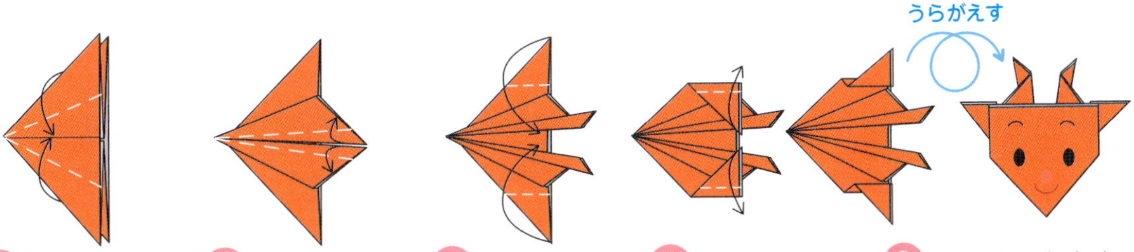

5 てんせんで おる。

6 てんせんで おる。

7 かどを てんせんで おる。

8 てんせんで おる。

9 つのの　むきを ととのえ かおを　かく。

トナカイ《となかい》（からだ）を　つくる

……1まい

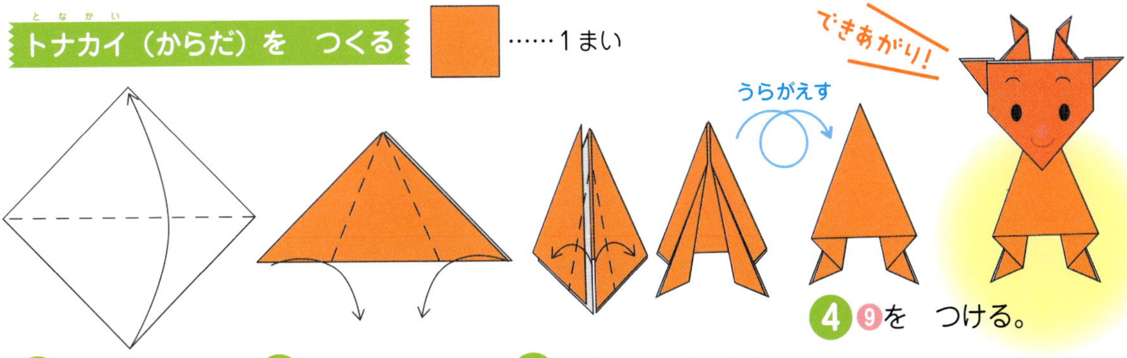

4 9を　つける。

1 はんぶんに おる。

2 てんせんで おる。

3 てんせんで　おり、そとに　ひらく。

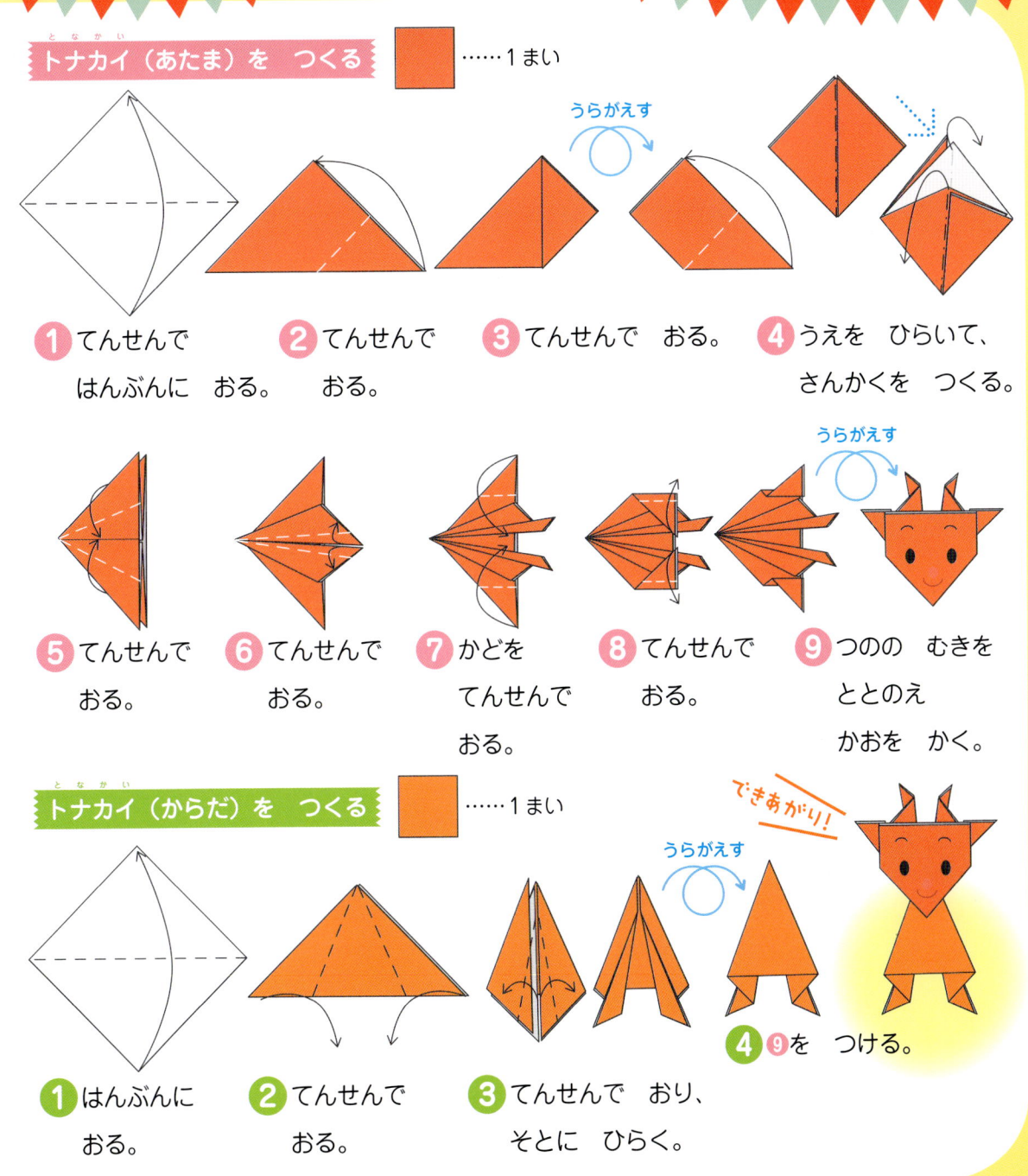

きせつのかざり

リース《りーす》 と ツリー《つりー》

おへやにも、ドア《どあ》にも
かざれるね！

つくりかた　ツリー《つりー》を　つくる

 と  ……1まいずつ

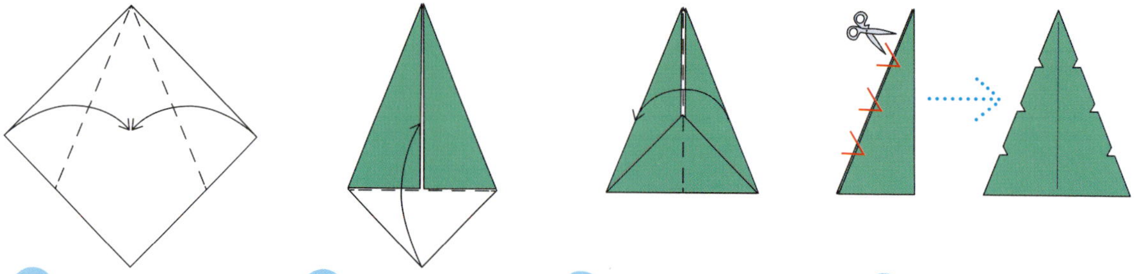

1 ちゅうしんに
むけ、てんせんで
おる。

2 てんせんで
うえに　おる。

3 てんせんで
はんぶんに　おる。

4 きりとりせんで
きり、もういちど
ひらく。

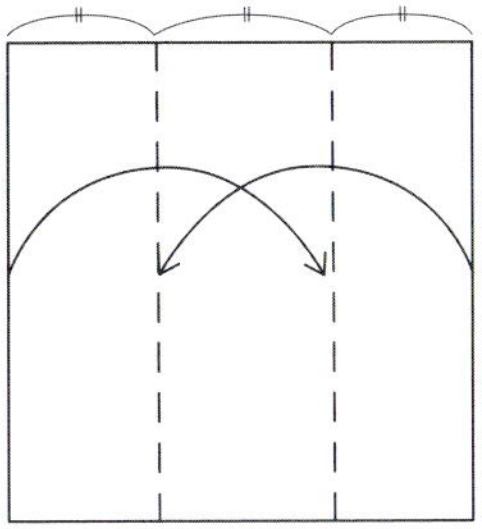

5 てんせんで　おり、3ぶんの1に　する。

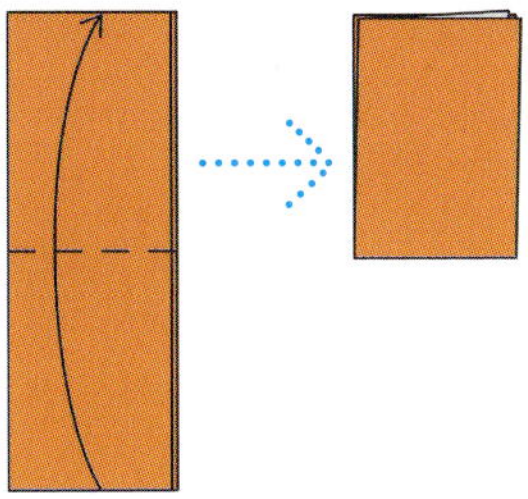

6 てんせんで　はんぶんに　おる。

7 4の　うらに　6を　はり、モール《もーる》を　つける。

うらがえす
できあがり!

8 かざりを　つける。

リース《りーす》を　つくる

……2まい

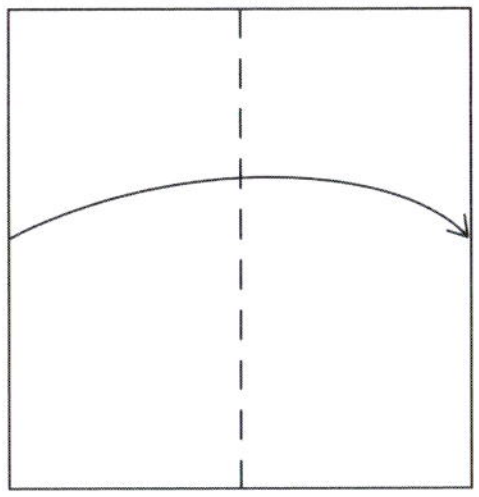

1 てんせんで　おる。

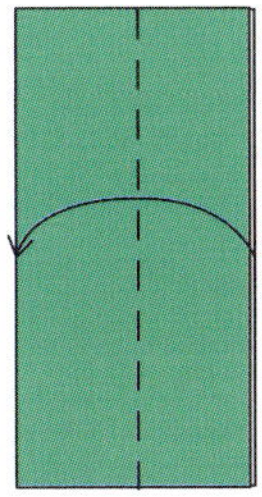

2 さらに　てんせんで　はんぶんに　おる。

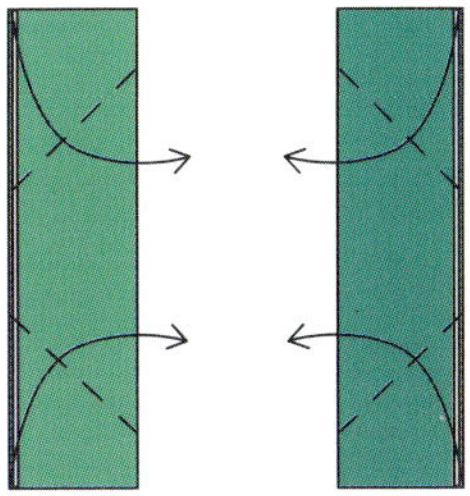

3 2を　2まい　つくり、それぞれ　てんせんで　おる。

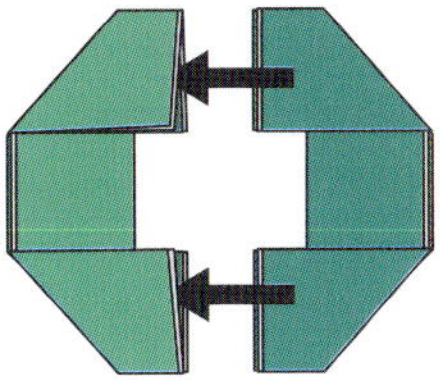

4 さしこんで　のりづけ　する。

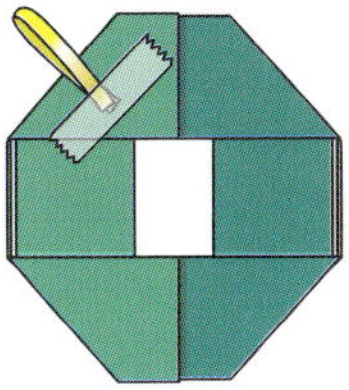

5 モール《もーる》を　つける。

できあがり!
うらがえす

6 かざりを　つける。

きせつのかざり

おにの まめいれ

まめは としの
かずだけ、たべるのね！
どれに いれて
たべようかな！

つくりかた　**おおきいおにを つくる**

……2まい

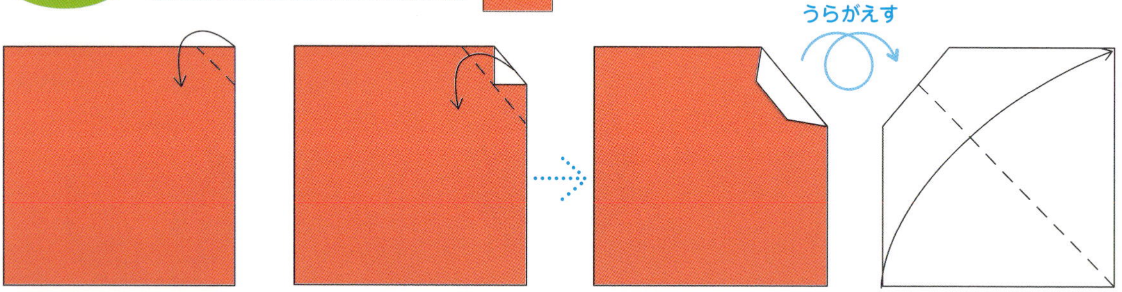

1 かどを てんせんで おる。

2 もういちど てんせんで おる。

3 てんせんで おる。2まい つくる。

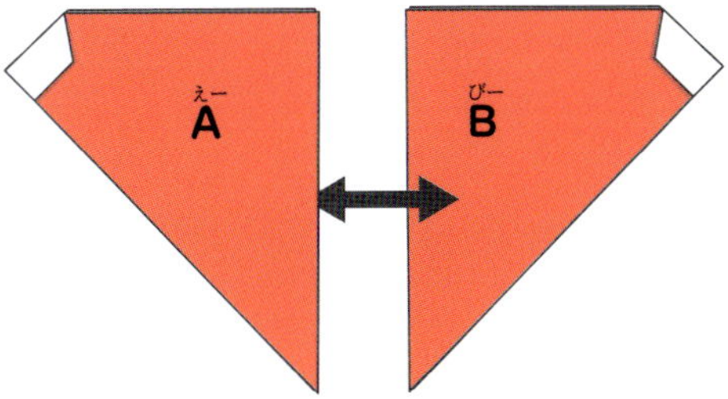

4 A《えー》に　B《びー》を　はめこむ。

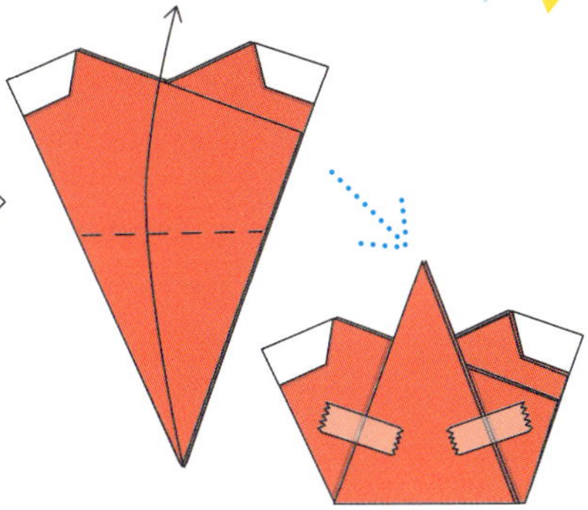

5 てんせんで　おり、
テープ《てーぷ》で　とめる。

6 かおを　かく。

ちいさいおにを　つくる

……1まい

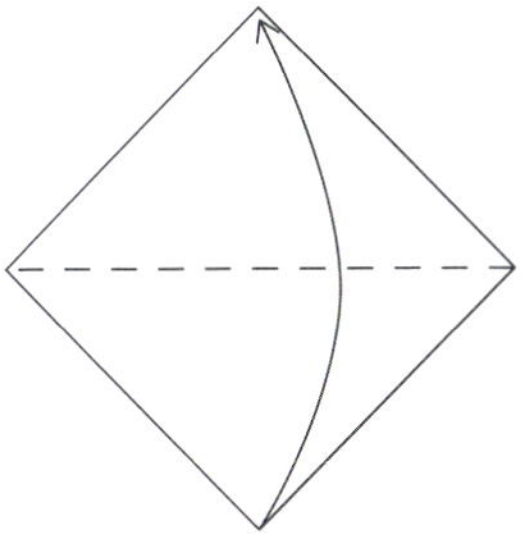

1 てんせんで　はんぶんに
おる。

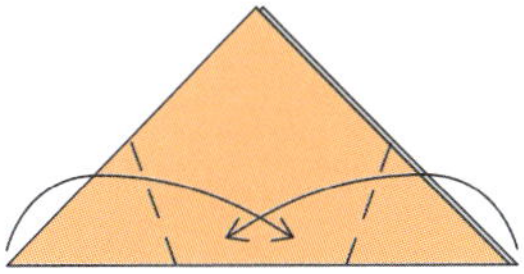

2 てんせんで　おる。

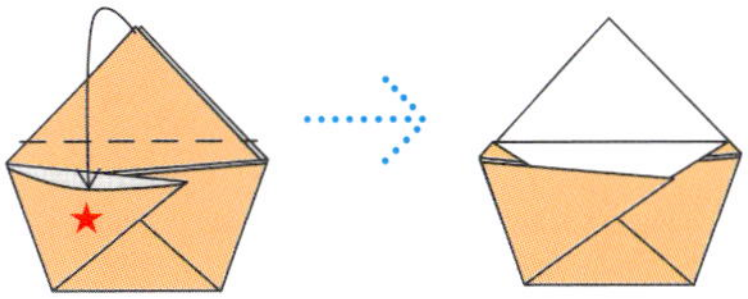

3 うえの　さんかくの　てまえの
1まいを、★の　なかに
いれる。

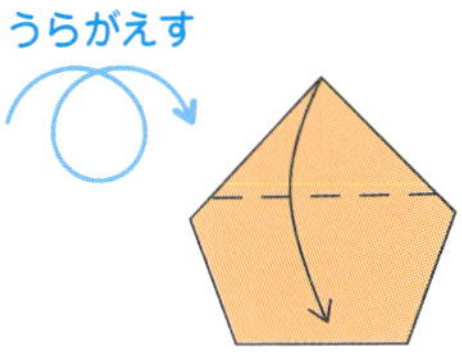

4 てんせんで　おる。

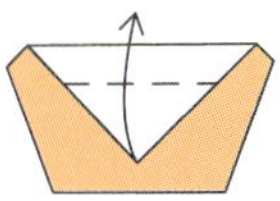

5 さらに　てんせんで、
うえに　おる。

6 かおを　かく。

著者紹介

いまい　みさ

手作りおもちゃ普及会代表

身近な素材を使った楽しいおもちゃ作りや遊びを、幼稚園、小学校、講演会などで指導しながら　保育誌、児童書、教科書などでも作品を紹介。著書に『遊べる！ 楽しい！ おりがみおもちゃ』（PHP 研究所）、『おりがみでおみせやさん』『おりがみとあきばこでのりもの』『しんぶんしであそんじゃおう！』（以上、毎日新聞社）、『PriPri ハッピーリサイクル』『PriPri おりがみペープサート』（以上、世界文化社）、『よいこきらきらおりがみ 12 かげつ』（小学館）、『いまいみさの牛乳パックでつくるエコおもちゃ』（実業之日本社）、『親子でたのしむ手づくりおもちゃあそび』（KK ベストセラーズ）など多数

装丁／根本佐知子（Art of NOISE）
編集／西潟留美子（あるまじろ書房）
撮影／山田晋也（あるまじろ書房）
本文デザイン／鷹觜麻衣子
作り方イラスト／江田貴子
編集協力／板谷智
折り紙制作協力／手作りおもちゃ普及会
（小川昌代　霜田由美　河上さゆり　Natsuki　Moko）

男の子のかっこいい折り紙

2012 年 8 月 1 日　第 1 版第 1 刷発行

著　者　いまい　みさ
発行者　小林　成彦
発行所　株式会社PHP研究所
　　　　東京本部　〒102-8331　千代田区一番町21
　　　　　　　　　生活文化出版部　☎03-3239-6227（編集）
　　　　　　　　　普　及　一　部　☎03-3239-6233（販売）
　　　　京都本部　〒601-8411　京都市南区西九条北ノ内町11
　　　　　　　　　家庭教育普及部　☎075-681-8818（販売）
PHP　INTERFACE　http://www.php.co.jp/
印刷所　大日本印刷株式会社
製本所　東京美術紙工協業組合

落丁・乱丁本の場合は弊社制作管理部（☎ 03-3239-6226）へご連絡ください。
送料弊社負担にてお取り替えいたします。
ISBN978-4-569-80560-3